RELATION OV IOVRNAL DV VOYAGE DE BONTEKOE, AVX INDES ORIENTALES.

IE partis du Tessel le 28. Decembre 1618. auec vn vent d'Est, dans le Vaisseau nommé la nouuelle Hoorn, en qualité de maistre de Vaisseau. Son port estoit de onze cens tonneaux, & il y auoit dessus deux cens six bouches. Traduit de de l'Original Hollandois, écrit par Guillaume Isbrantz Bontekoë.

Le 29. du mesme mois, nous passâmes les Caps.

Le 30. nous eusmes sur le soir la veuë de Poortlandt, & le mesme iour nous passâmes Pleymuyen.

Le premier Ianuier 1619. nous passâmes Engelants End, ou le bout de l'Angleterre, le mesme vent continuant tousiours; ce fut là que nous commençâmes à dresser nostre course Sud-Oüest au Sud vers la mer.

Le 20. le vent estoit Sud-Est nostre course Su-Sud-Oüest, auec vn bon frais.

La nuict du 5. Feurier, nous receûmes trois coups de mer; le Vaisseau en estoit presque couuert. Nos gens se mirent à crier, nous coulons à fonds, nous coulons à fonds, les Sabords du deuant du Vaisseau sont ouuerts. Ie courus dans le Chasteau du deuant du Vaisseau, & ie trouuay qu'ils estoient fermez. Ie leur criay qu'ils n'auoient rien à craindre de ce costé-là, courage, camarades, leur dis-je, qu'on aille au fonds de Cale, & qu'on voye si l'eau n'y entre point. Ils l'executerent aussi-tost, & trouuerent qu'il n'y auoit point d'eau. Ie donnay ordre en suite qu'on puisât l'eau auec des seaux de cuir, & qu'on la jettât hors le bord: Mais nos gens auoient tellement embarassé le passage auec leurs coffres, que la crainte de l'eau leur faisoit transporter de costé & d'autre; que ceux qui estoient employez à jetter l'eau ne trouuoient pas assez de place pour le pouuoir faire; il fallut de necessité rompre les coffres qui se trouuerent sur le passage: on les mit en pieces, & on trouua aysément place pour se seruir des seaux & executer l'ordre que j'auois donné.

Apres estre sortis de ce danger auec l'ayde de Dieu, nous nous laissions aller au gré du vent sans voile; Mais nostre Vaisseau rouloit si estrangement, que nous fusmes obligez de remettre la voile pour le tenir droit sur sa route qui estoit vers l'Oüest. Le temps estoit fort inconstant auec pluye; la mer fort agitée, & les éclairs si frequentes, qu'elle paroissoit tout en feu.

Le sixiéme, le septiéme, & le huitiéme, le temps se trouua encore fort mauuais, auec pluye. Nous vismes ce jour-là beaucoup de Mauuettes; ce qui nous fit croire que nous estions proche de l'Isle du Bresil, neantmoins nous ne vismes pas la terre. Sur le midy du huitiéme iour, nous courusmes vers l'Est, le vent estoit enuiron Oüest Sud-Oüest, le temps tousiours fort inconstant. La tempeste dura long-temps; nostre Vaisseau se tourmentoit si fort, & nos haubans bandoient de sorte, quoy que nous les eussions liez en deux endroits, que le grand Mast se rompit à cinq pieds enuiron au dessus du Tillac. La crainte de perdre tout à fait nostre Mast, nous obligea à le fortifier, en y joignant le gros mastereau pour le tenir en estat. Le voyage dépendoit de là: si le Mast fut tombé hors le bord, nous eussions esté obligez de retourner en Hollande. On fit vne ouuerture dans le Tillac pour y passer le bout d'enbas du mastereau, & on le lia le plus fermement qu'il fut possible contre le Mast. Nous le mismes ainsi en estat de seruir, dont nous fusmes fort réjouys. La tempeste dura jusques au 19. nous tournâmes tantost nostre route vers le Sud, tantost vers l'Oüest, pour nous accommoder au changement du vent.

Le 20. le temps deuint beau & calme, & nous prîmes ce temps pour asseurer dauantage nostre Mast: & l'ayant fait, nous dressâmes nostre course vers les Canaries Su-Sud-Est; le vent estoit à peu prés Sud-Oüest, & le temps fort beau: ce qui nous donna moyen de trauailler encores à nostre Mast.

Le 21. nous vîmes derriere-nous vne voile, qui faisoit son possible pour nous approcher. Nous l'attendîmes sur le costé de nostre Vaisseau, où les voiles portoient. Nous trouuâmes que c'estoit vn Vaisseau des Indes Orientales, qui estoit sorty de Zelande le 29. Decembre 1618. le lendemain du iour que nous estions partis du Tessel. Ce Vaisseau estoit en fort bon estat, & ne manquoit de rien; il s'appelloit la nouuelle Zelande, c'estoit vne bonne compagnie pour les vns & pour les autres. Nous allions aussi bien à la voile qu'eux, nonobstant l'accident qui nous estoit arriué: on continua ce jour-là la mesme route que le iour precedent.

Le maistre qui le commandoit se nommoit Pierre Thiisse.

Le 23. du mesme mois, nous vîmes vne autre voile au stribord de nostre Vaisseau, c'est à dire à nostre main droite. Nous y courûmes, & trouuâmes que c'estoit le Vaisseau Enchuysen, qui estoit sorty auec nous, & deuoit faire aussi le voyage des Indes Orientales. Nous estions donc trois Vaisseaux de Flotte; on passoit souuent d'vn bord à l'autre pour faire bonne chere, & nous nous entretenions de nos aduantures. Nostre course nous portoit proche des Isles du Cap-Vert: nous en eusmes la veuë: en les passant, le vent estoit Sud-Est, & le temps fort beau; si bien que nous portions nos hunieres au plus haut qu'elles pouuoient monter. Nous tâchames de gagner l'Isle S. Anthoine, pour auoir des rafraîchissemens; mais les broüillards & la pluye nous en osterent la veuë, & il fallut pour plus grande seureté aller chercher l'Isle del Mayo, ou celle del Fuego. Proche de ces Isles, il tomboit de la broüine, & les vents estoient variables. Il nous fallut louier deuant que d'y arriuer, les Vaisseaux qui s'estoient joints à nous s'en separerent, & furent à l'Isle del Mayo, qui n'est pas loin de celle del Fuego, où nous estions. Proche de cette Isle, nous ne trouuâmes point de fonds qui fut propre pour anchrer; nous courusmes tout proche de la terre durant le calme.

Nous auiõs dãs nostre Vaisseau de petits Mats, on en fit sier vn en deux; nous accõmodâmes ces deux pieces auec deux autres que nous auions desia, pour soustenir plus fortement nostre Mast. Et en effet, cela le rendit aussi fort qu'il auoit esté auparauant. Cependant, nous enuoyâmes nostre Chalouppe vers la terre pour pescher; & comme elle estoit sous cette coste, quelques Espagnols parurent vers le bord de la mer, & tirerent sur les gens qui estoient dans nostre Chalouppe, leur faisant connoistre par là qu'ils ne vouloient point souffrir qu'ils vinssent à terre. Ainsi, la Chalouppe reuint au Vaisseau, & rapporta vn peu de poisson qu'elle auoit pesché: le reste de l'équipage estoit occupé à trauailler à nostre Mast. Et pour l'asseurer dauãtage, on y adjousta vn autre mastereau qu'on lia dessus, & on le remit en estat de seruir. Il y auoit du plaisir à le voir, il estoit presque aussi gros que le pilier d'vne Eglise. Nous sortismes le soir hors des calmes de cette Isle, & prismes nostre route pour passer la ligne. Dans le temps que nous estions sous cette Isle, il vint de terre vne si grande quantité de poussiere semblable à des cendres, que les haubans de nostre Vaisseau en estoient tout couuerts. Le iour suiuant, comme on estoit à desjeûner, nous vismes derriere nous deux Voiles; nous chassâmes apres, c'estoit le Vaisseau de la nouuelle Zelande, & celuy de la nouuelle Enchuse, qui s'estoient separez de nous de nuict prés des Isles del Mayo & del Fuego. Ils furent fort réjouys de nostre rencontre. Ils auoient pris terre à l'Isle del Mayo pour se rafraîchir; mais ils n'y auoient rien troué, & deux de leurs gens y auoient esté tuez par les Espagnols: le vent estoit Sud-Est, & nous courions vers la ligne; sous la ligne, nous eûmes des calmes, & quelquefois aussi de fascheuses trauades, accompagnées de vents & de pluyes. Les vents souffloient quelquefois en vn mesme temps de toutes les pointes de compas, ou de tous costez; si bien que nous fusmes trois semaines deuant que de pouuoir passer la ligne. La nuict la mer paroissoit toute estincelante & pleine de petits brillans, qui sembloient rejallir de la Poulaine, ou du deuant de nostre Vaisseau, dont nous estions fort estonnez. Nous dressâmes nostre route pour passer les Abrolhos auec vn vent Sud-Est; mais le calme nous surprit comme nous en estions assez proche: Nous aprehendions de ne les pouuoir passer. A la fin le vent s'élargit, & nous en passâmes si proche, que nous eûmes la veuë des Abrolhos ou rochers les plus aduancez vers la mer. Nous les passâmes auec l'ayde de Dieu, & ce nous fut vne grande joye; car si nous fussions demeurez engagez entre ces rochers, il eut fallu retourner sur nostre route, & cela eut beaucoup allongé nostre voyage, non sans danger d'apporter beaucoup de maladies parmy nostre Equipage. Ce jour-là on donna double portion à l'Equipage, & à chaque plat vne pinte de vin d'Espagne. Nous allâmes chercher les Isles de Tristan de Conde. Et quelques iours apres, nous nous trouuâmes sous la hauteur de ces Isles; mais nous ne les vismes pas. Nous courûmes en suite vers l'Est, auec vn vent de Nordvvest, pour gagner le Cap de Bonne-Esperance. Apres auoir tenu quelque-temps cette route, nous vismes des Mauuettes tachetées de noir; nous en prismes auec des petits bastons, qu'on laissoit flotter sur l'eau. Nous mettions vn hameçon & vn peu de lard au bout de ces bastons, & nous nous diuertissions à les pescher de la sorte. La veuë de ces oyseaux que ie viens de dire, est vne marque qu'on approche du Cap de Bonne-Esperance. Il y a encore vne autre marque pour connoistre ce Cap, ou pour sçauoir qu'on en est proche, qui est, lors que l'aiguille de vostre Boussolle regarde precisément le Nord & le Sud. Nous l'éprouuâmes, & nous eûmes la veuë du Cap de Bonne-Esperance. Les vents de l'Oüest souffloient si violamment, qu'ils nous obligerent à faire petite voile. Nous n'ozions pas mettre pied à terre: & ayant assemblé sur cela le conseil, il fut resolu que nous continuerions nostre voyage le long de cette coste, puis que nostre monde estoit encores en plaine santé, & que nous n'auions aucune necessité de faire eau; quoy qu'il y eut cinq mois que nous estions partis de Hollande. Nous dressâmes donc nostre route le long de la coste, jusques à la terre de Natal. Nous eûmes tousiours beau temps le long de ces costes; on passoit d'vn Vaisseau à l'autre, & nous y faisions bonne chere. Le Vaisseau nommé Enchuysen, estoit destiné pour aller vers Coromandel. Il fallut qu'il se separât de nous, & qu'il prit vne autre route entre la coste d'Affrique & l'Isle de Madagascar, ou de saint Laurent, pour aller se rafraîchir aux * Mayjottes. Nous nous separâmes donc, en nous souhaitant bon voyage les vns aux autres. Pour nous, nous prismes nostre route au dehors de l'Isle de S. Laurent, auec le Vaisseau nommé la nouuelle Zelande. Faisant ainsi voile de Flotte, nous portions le Fanal chacun à nostre tour. Nous tombâmes en dispute sur le sujet de la route, sans en pouuoir demeurer d'accord. La chose alla si auant, que nous nous separâmes, & chacun de nous suiuit le chemin qui luy sembla le meilleur. Le Vaisseau de la nouuelle Zelande, cingloit

* *Autrement Isle de Comore.*

deux pointes de la Bouſſolle plus vers le Sud que nous, & il auoit dés ce temps-là beaucoup de malades.

Apres auoir nauigé quelque-temps, nous les perdîmes enfin de veuë ſous la hauteur de vingt-trois degrez Sud. Le nombre de nos malades augmentoit tous les iours. Nos gens obligerent les Officiers de faire prendre la route de l'Iſle de Madagaſcar pour ſ'y rafraîchir. Nous auions peur que tout noſtre Equipage ne deuint malade; car il y en auoit bien quarante au lict, & le nombre de ceux qui ſe plaignoient de ſe trouuer mal, eſtoit encore plus grand. Tous ceux du conſeil conclurent qu'il falloit aller droit à l'Iſle de Madagaſcar chercher la Baye de ſainte Lucie. D'abord, nous ne trouuâmes point de lieu pour moüiller l'Ancre. On mit l'Eſquif en mer, & ie paſſay dedans pour aller à terre, cependant que le Vaiſſeau ſe tenoit ſous les voiles ſans ſ'en éloigner. Ie trouuay que la mer briſoit ſi eſtrangement contre la coſte, qu'il eſtoit impoſſible d'y aborder. Nous viſmes des Sauuages qui vinrent ſur la Greue. Vn de nos Matelots ſauta hors de l'Eſquif, & les alla trouuer; mais il ne les pouuoit entendre. Ils nous faiſoient ſigne auec la main, & il ſembloit qu'ils nous monſtraſſent qu'il y auoit là d'autres endroits où l'on auroit pû aborder. Ils n'auoient point de rafraîchiſſemens, au moins nous n'en viſmes point, & cela nous obligea de ne nous y arreſter pas dauantage. Et quoy que cette neceſſité fut faſcheuſe à tout noſtre monde en general, les malades en eſtoient encore plus affligez que les autres. Nous courûmes vers le Sud juſques à la hauteur de vingt-neuf degrez. Là nous changeâmes de bord, & courûmes juſques ſous le dix-ſeptiéme degré de Latitude Auſtrale. Ceux de l'Equipage firent de nouuelles inſtances, qu'on les mit à terre pour chercher quelques rafraîchiſſemens. Ce que nous leur accordâmes, à cauſe que la maladie augmentoit tous les iours, & qu'il en eſtoit deſia mort quelques-vns. On reſolut de toucher à l'Iſle Maurice, ou à celle de Maskarénas. Nous dreſſâmes noſtre courſe entre ces deux Iſles, qui ne ſont pas beaucoup éloignées l'vne de l'autre. Nous arriuâmes à la pointe de l'Eſt de l'Iſle de Maskarénas. Nous courûmes le long de cette pointe; nous trouuâmes quarante braſſes d'eau. On jetta l'Ancre; mais l'ancrage n'eſtoit pas propre pour noſtre Vaiſſeau, & eſtoit trop proche de terre.

Cependant tous nos malades ſortoiẽt hors de leurs brãdes ou licts, & auoient grãde enuie d'aller à terre; mais cõme la mer y eſtoit trop haute pour les y porter, nous auions quelque repugnance à l'entreprendre. Nous enuoyâmes l'Eſquif à terre, pour voir ce qui ſe pourroit faire. Ils trouuerent des endroits où les Tortuës auoient remué la terre. Comme ils furent de retour, les malades prierent qu'on les y deſcendit. Ils auoient commencé à reſpirer l'air de la terre, & diſoient; Si nous ſommes vne fois à terre, nous ſommes à moitié gueris. Le Marchand Rol ne le vouloit permettre en façon du monde, & diſoit pour ſes raiſons, qu'il y auoit du danger; que nous pourrions facilement eſtre jettez loin de la coſte, & ainſi demeurer affoiblis du nombre de nos gens que nous aurions deſcendus. L'Equipage ne ſe rendoit point à ſes raiſons: ils me prioient les mains jointes que ie les miſſe à terre, & le firent auec tant d'importunité, qu'à la fin j'y conſentis. I'allay trouuer le Marchand, & luy demanday ſ'il le vouloit permettre. Il me répondit que non, en façon du monde. Ie luy dis; hé bien, ie me charge de les mettre moy-meſme à terre. Ie courus à nos gens, & leur dis; ça, mes Camarades, ie vous veux faire porter à terre. Les Matelots porterent les malades dans le Batteau, & ie leur fis donner vne Voile pour en faire vne Tente; comme auſſi de l'huyle, du vinaigre, des pots pour faire la cuiſine, auec des prouiſions de bouche, & vn Cuiſinier pour les appreſter. Ie fus auſſi-toſt auec eux à terre. Y eſtans, ils commencerent à ſe rouler ſur l'herbe, & à dire; Nous ſentons deſia quelque allegement. L'on y trouua quantité de Ramiers de cette eſpece, qui a les aîles bleuës. Ils ſe laiſſoient prendre auec les mains, ou bien on les aſſommoit à coups de baſton & de canne, ſans qu'ils fiſſent aucun effort pour ſ'enuoller; en vn iour on en tua bien deux cens. Nos gens en faiſoient boüillir vne partie, & faiſoient roſtir l'autre, auſſi bien pour ceux qui eſtoient en ſanté, que pour les malades. Ils trouuerent aussi grande quantité de Tortuës de terre, qu'ils faisoient cuire auec des prunes de damas, dont nous auions fait bonne prouision. Ie retournay au Vaisseau, & laissay à terre les malades au nombre de quarante, auec le Cuisinier. Comme ie fus arriué, ie jugeay qu'il estoit à propos d'aller la nuict auec l'Esquif le long de la coste, pour voir si on ne pourroit point trouuer quelque place plus propre pour mettre nostre Vaisseau à l'Ancre; car celle où il estoit estoit dangereuse. Ce que ie fis, & trouuay vne Baye auec vn fonds de sable, qui estoit éloigné enuiron cinq milles du lieu où estoit le Vaisseau. I'entray dans la Baye, & j'y trouuay au fonds vn lac, dont l'eau n'estoit pas tout à fait douce. Ce qui prouenoit, selon mon jugement, de ce qu'elle n'estoit éloignée que de trois fois la longueur de nostre Vaisseau du bord de la mer: & ainsi l'eau salée y entrant à trauers du sable, luy donnoit ce mauuais goust.

Comme nous fusmes plus auant dans la terre, nous trouuâmes grand nombre d'Oyes, de Ramiers, de Peroquets gris, & beaucoup d'autre gibier, auec quantité de Tortuës de terre. Nous en vismes bien vingt-cinq ensemble à l'ombre d'vn arbre, & nous en prismes autant que nous voulûmes. Les Oyes ne s'enuoloient pas, quand nous les poursuiuions. Elles se laissoient tuer à coups de bastons. Il y auoit aussi des Dod-Eersen qui ont de petites aîles; & bien loin de pouuoir voler, ils estoient si gras, qu'à peine pouuoient-ils marcher.

Cét oyseau n'a point esté décrit par les anciens, c'est pourquoy l'on en a mis icy la figure tirée d'vn autre voyage Hollandois.

Mais ce qui estoit le plus admirable, quand vn de ces Peroquets ou de ces autres oyseaux que nous auions pris, faisoit du bruit, tous ceux de leur espece qui estoient aux enuirons, y accouroient, comme s'ils fussent venus pour les mettre en liberté, & se laissoient prendre eux-mesmes. Ainsi, ce seul gibier nous fournit ce qui estoit necessaire pour nostre nourriture. Ie retournay au Vaisseau; ie leur dis que nous auions trouué vne Baye de sable, & vn bon fonds, pour mettre le Vaisseau en seureté. Nos gens en eurent vne grande ioye; ils enuoyerent aduertir les malades, & ceux qui estoient à terre, qu'ils s'en allassent à cinq milles de là, & qu'on les viendroit reprendre; dont ils furent fort satisfaits. On Ancra dans cette Baye à trente-cinq brasses de fonds. L'Ancre tenoit ferme, & on permit à l'Equipage d'aller à terre, voir s'il pourroit trouuer du rafraîchissement dans les bois. On commanda de plus huict hommes auec vne sayne pour aller pescher dans le lac dont nous auons parlé cy-deuant. Ils y trouuerent de fort beaux poissons, des Carpes, & vne autre sorte de poissons, qui ressemble fort aux Saulmons; ils sont fort gras & de fort bon goust. On trouua aussi de l'eau douce, & vne petite riuiere qui descend du haut des Montagnes, & coule jusques sur la Greue. Ses deux bords estoient plantez d'arbrisseaux, qui en rendoient la veuë fort agreable, & son eau claire comme vn crystal, nous inuita à y porter tous nos malades, qui ne pouuoient boire assez de cette eau. Nous leur permîmes d'y demeurer jusques à ce que nôtre Vaisseau fust en estat de partir. Nous trouuâmes proche de cette eau vne planche, où on auoit graué des lettres, qui marquoient que le Commandant Block auoit esté là auec vne Flotte de treize Vaisseaux; qu'il y auoit perdu quelques Chalouppes, auec quelques-vns de ses Matelots.

Anaen Maertsz Block.

Dans le temps que nous demeurâmes en cette Baye, la Mer ne nous parut point si rude contre la coste, qu'on le supposoit dans cette Relation. Il n'y a point de Peuple dans cette Isle. Nos gens la coururent de tous costez, percerent au trauers de ses bois, & se soûlerent de gibier & de poisson. Ils auoient trouué l'inuention de rostir les oyseaux auec des broches de bois, & de faire dégoutter dessus, cependant qu'ils rôtissoient la graisse des Tortuës. Ce qui les rendoient si delicats, que c'estoit vn plaisir que d'en manger. Ils trouuerent aussi vne eau courante, où il y auoit de grosses Anguilles. Ils se dépoüilloient de leurs chemises; & les tenant ouuertes d'vn costé dans le courant de l'eau, & liées de l'autre, ils en prenoient, & les trouuoient d'vn fort bon goust. Nous vismes là vne chose qui nous estonna tous; les Tortuës venoiẽt le matin de la Mer sur le sable; & apres y auoir creusé vn trou, elles y mettoient leurs œufs en grand nombre; les vnes cent, les autres deux cens, & grattoient apres le sable pour les couurir. La chaleur du Soleil qui est grande sur le midy, les faisoit éclore. Nous voyons auec estonnement les petites Tortuës sortir de ces œufs, leurs coquilles n'estoient pas plus grandes que des coquilles de grosses noix. Nous y trouuâmes des Palmites, dont nous beuuions le suc qui s'en tire; ce suc est la douceur mesme. On vit aussi quelques Cabrits; mais ils estoiẽt si sauuages, qu'ils ne se laissoiẽt point approcher. Nous n'en peûmes attraper qu'vn seul, encore estoit-il si vieil, que ses cornes estoient rongées de vers, & il nous fust impossible d'en manger. Les malades que nous auions laissez, nous vinrent trouuer en parfaite santé, à l'exception de sept, qui ne pouuoient encore marcher. On les porta dans le Vaisseau lors qu'il fallut partir. Nous le nettoyâmes par dedans & par dehors. On ouurit tous les Saborts, afin que l'air entrast entre les deux Ponts. On y jetta du vinaigre en quelques endroits, pour en oster la mauuaise odeur. Pour nostre plus grande commodité, nous auions fait vn quadran à terre, où nous pouuions voir quelle heure du iour il estoit.

A force de chasser, & de courir apres les oyseaux; ils deuinrent enfin si sauuages, qu'ils s'enfuyoient lors que nous en approchions. Nostre maistre Pilote ayant pris son fusil pour tirer, il luy creua entre les mains, & vn éclat du canon luy donna au dessus de l'œil, & le luy jetta hors de la teste. Enfin, nous mismes nostre Vaisseau en estat de partir. Nous apprestâmes les Voiles; on fist prouision d'eau; on enuoya le Trompette à terre, qui ramassa nos gens, & on mit enuiron cent Tortuës dans le Vaisseau. Nous estions bien pourueus de toutes choses, de Tortuës, de Gibier, & de Poisson sec, que nos gens auoient pris & fait seicher. Et de plus, nous auions dans la chambre vn baril plein d'Oyes à la daube à demy cuittes, accommodez auec du vinaigre; Comme aussi vne bonne quantité de poisson assaisonné de la mesme maniere, pour le garder plus long-temps.

Nous nous mismes à la voile, apres auoir esté là 21. iour. Nostre dessein estoit de cingler le long de l'Isle Maurice; mais nous descendîmes trop bas. Nous la pûmes bien voir au dessus de nous, mais non pas en approcher. Quoy que nous eussions esté long-temps dans l'Isle Maskarénas, & que nous eussions fait prouision de tout ce qu'elle a de meilleur, nostre Equipage n'estoit pas en parfaite santé; & il y en auoit encore beaucoup parmy nos gens qui se plaignoient: cela donna occasion aux Officiers de demander au nom du peuple qu'on cherchât vne autre place de rafraichissement; car nous auions encor beaucoup de chemin vers le Sud, deuant que de trouuer les vents, qui nous deuoient porter à Batauia ou Bantan, & dans céte longueur de temps, il estoit à craindre que tous nos gens ne deuinssent malades: apres vne longue deliberation, le conseil du Vaisseau trouua à propos d'aller droit à sainte Marie, qui est vne Isle fort proche de Madagascar, vis à vis la Baye d'Antongil; nous y dressâmes nostre route; nous la visines, & nous courûmes vers la pointe d'Oüest de cette Isle sur sept & huit brasses d'eau, nous voyons le fonds aussi clair que le iour, nous courûmes le long de la coste de l'Isle, & nous iettasmes l'ancre à douze ou treize brasses bon fonds. Les habitans nous vinrent trouuer aussi-tost dans des petits batteaux faits du tronc d'vn arbre qu'ils creusent. Ils nous apporterent des Pommes, des Citrons, vn peu de Ris, des Poules, & nous faisoient comprendre qu'ils n'apportoient ces choses que pour monstre, & qu'à terre ils en auoient grande abondance. Ils nous faisoient aussi entendre, qu'ils auoient des Vaches, des Moutons, des Veaux & des Poules & d'autres viures, & cela par vn langage vniuersel, car ils contre-faisoient le cry de tous ces Animaux, au lieu de nous les nommer. Nous ne pouuions assez admirer ces Peuples; nous leur donnasmes du vin à boire dans vne tasse d'argent: ils n'auoient pas l'esprit de la porter à leur bouche, mais ils mettoient le menton dans la tasse, & buuoient comme des bestes.

Ce Peuple va tout nud, si ce n'est qu'ils couurent leurs parties auec vne petite piece de drap. Ils sont d'vne couleur Oliuastre, qui tire sur le noir, nous allions tous les iours à terre, & nous troquions auec eux des Clochettes, des Cüilliers, des Cousteaux & de la Rassade ou grains de Verre de diuerses couleurs: pour des Veaux, des Moutons, du Ris & du Laict. Ils apportoient le Laict au Marché dans des feüilles qui estoient enuelopées les vnes à l'entour des autres, comme celles d'vn chou pommé: Nous faisions vne ouuerture dans ces feüilles en les coupant, & nous en tirions ainsi le Laict; cela nous obligea de faire voile encore deux ou trois milles plus haut, & de moüiller l'ancre en vne autre place. Nous y trouuasmes peu de Pommes, il y auoit des Melons d'eau, & des Porcs: On jugea à propos que ie fusse auec l'Esquif iusques à l'Isle de Madagascar, pour voir si ie pourrois, auec quelques marchandises que i'y porterois, achepter des Pommes & des Citrons, ce que ie fis. I'entray dans vne Riuiere, où ie remontay bien la longueur d'vn mil & demy. Nous eussions bien voulu la remonter plus haut; mais les arbres estoient tellement entrelaçés des deux costez, les vns auec les autres, & le Canal si estroit, que nous fusmes obligez de retourner, sans auoir trouué aucun Peuple, ny aucune sorte de fruit. Nous couchasmes vne nuit à terre, & apres auoir esté trois iours dehors pour ce dessein, nous retournasmes heureusement à nostre Vaisseau. Nous repassames le iour suiuant à l'Isle, pres laquelle estoit nostre Vaisseau, & nous en rapportasmes quelques Citrons, des Pommes, du Laict, du Ris & des Bananas. Dans ce temps, nostre Equipage se trouua en aussi bon estat, & en aussi parfaite santé qu'il estoit au sortir d'Holande: toutes les fois que nous allions à terre, nous menions auec nous vn de nos gens, qui joüoit de la violle: la nouueauté de cette harmonie attiroit ces Insulaires. Ils se rangeoient à l'entour de luy, ils dansoient & marquoient la cadance, en faisant du bruit auec leurs doigts.

Il ne nous parut point que ces peuples eussent aucune connoissance de Dieu, ny qu'ils luy rendissent aucun culte; nous remarquâmes seulement deuant leurs maisons des testes de Bœufs fichées au bout de certaines perches, deuant lesquelles ils se prosternoient à terre, & sembloient faire des prieres. Ils nous parurent fort sauuages, & sans religion.

Nous y demeurâmes neuf iours; nos gens estoient en parfaite santé, nous mismes nostre Vaisseau à la bande le mieux que nous peusmes, & le nettoyasmes par dessous, auec des brosses & des grattoires; nous mismes apres à la voile, & courusmes vers le Sud iusques à la hauteur de 33. degrés, là nous changeasmes de bord, & nous prismes nostre route vers l'Est pour gagner le détroit de Sunda. Estans arriués à la hauteur de cinq degrés & demy, qui est celle de ce détroit, le 19. iour de Nouembre 1619. le Bouteillier estant allé selon sa coustume apres midy pour tirer de l'eau de vie auec la pompe de fer blanc, le feu se prit à l'eau de vie de cette maniere : Il auoit vne chandelle, & auoit picqué son chandelier de fer dans la futaille d'vn baril qui estoit d'vn rang plus haut que celuy où estoit l'eau de vie; en ayant tiré auec sa pompe, autant qu'il en falloit pour emplir le barillet, qui deuoit estre le lendemain diuisé à ceux de l'Equipage; il voulut détacher le chandelier; & comme il estoit enfoncé bien auant, il le tira auec force; il y auoit à la mesche de la chandelle vne esteincelle, laquelle tomba par hazard dans le bondon de ce mesme tonneau d'eau de vie; l'eau de vie prit feu tout aussi-tost, ietta les fonds du baril, & commença à courir le long du bas du Vaisseau : il y auoit par hazard en cét endroit du charbon de terre qui deuoit seruir à la forge; on cria tout aussi-tost au feu, au feu; i'estois alors sur le Tillac, & ie regardois en bas au trauers des treillis du Pont. A ce bruit, ie courus au fonds de Cale, où ie ne vis point de feu, ie demanday où est le feu, ils me dirent, regardez là, il est dans ce tonneau; i'y mis la main, & ie ne sentis aucune chaleur. Ce Bouteillier qui y mit le feu estoit de la ville d'Hoorn; il auoit auprés de luy deux bidons ou brocs pleins d'eau, qu'il auoit iettée aussi-tost sur l'eau de vie, il sembloit que le feu en deust estre esteint; ie ne laissay pas de faire venir de l'eau, qu'on m'apporta tout aussi-tost dans des sceaux de cuir, & on en versa tant que nous ne voyons plus aucune apparence de feu : Ie sortis du fonds de Cale; mais vne heure & demie apres, on commença à crier de nouueau au feu, au feu : ce qui nous estonna tous extremement : nous descendîmes dans le fonds, & nous vismes que le feu venoit du fonds du Vaisseau; Il y auoit 3. ou 4. rangs de bariques l'vn sur l'autre, & l'eau de vie auoit mis le feu au charbon qui estoit dessous le dernier de ces rangs : Nous entreprismes vne autrefois de l'esteindre auec nos sceaux de cuir, & nous iettasmes vne tres-grande quantité d'eau. Il nous arriua vn autre incident, car à force de ietter de l'eau sur le charbon qui brusloit, il en sortit vne si grosse fumée, qu'elle nous étouffoit dans le fonds de Cale : i'y estois la plus-part du temps pour donner les ordres, & ie changeois de temps en temps ceux qui trauailloient pour les rafraischir; Ie croy qu'il y en eust beaucoup qui y demeurerent étouffés pour ne pouuoir pas trouuer moyen de sortir par les écoutilles : i'y estois moy-mesme souuent bien empesché, & ie mettois ma teste plus haut que les dernieres bariques pour prendre l'air, & me tournois souuent vers les Escoutilles : il fallut que i'en sortisse à la fin : i'allay trouuer le marchand Rol, & ie luy dis, Camarade, nous ne pouuons pas mieux faire que de ietter hors du bord nostre poudre : Rol ne s'y pouuoit resoudre, & disoit, si nous iettons nostre poudre, & que nous rencontrions apres nos ennemis, nous ne pourrons pas nous deffendre; le feu cependant augmentoit tousiours; personne ne pouuoit demeurer dans le fonds de Cale, à cause de la fumée & de la puanteur qui en sortoit; ie me tenois à costé des Ecoutilles, par où nous iettions beaucoup d'eau. Mais cela ne seruoit de rien; il y auoit bien trois sepmaines que nous auions mis dehors nostre grand batteau, & que nous le tirions apres nous; on auoit mis aussi la Chaloupe à la Mer, à cause qu'estant sur le Tillac, elle nous empeschoit de porter l'eau; l'étonnement estoit grand dans nostre Vaisseau, car nous voyons l'eau d'vn costé & le feu de l'autre,

Le feu prẽd au Vaisseau.

&

& nous n'auions aucun secours à attendre de la terre, quelqu'vns de nos gens se coulerent hors du Vaisseau. Ils se tenoient cachés au dessous de la gallerie, afin qu'on ne les vit point; ils prenoient apres leur temps, se iettoient à l'eau & nageoient pour gagner l'Esquif où ils se cachoient soubs le couuert, qui est aux deux bouts & sous les aix, attendans qu'il y eût assés de monde. Le marchand Rol vint par hazard dans la gallerie, il s'estonna de voir tant de monde dans le batteau & dans l'Esquif; les gens qui y estoient luy crierent qu'ils estoient resolus de quitter le Vaisseau & de prendre la Largue, & que s'il vouloit venir auec eux, il falloit qu'il se coulast le long de la corde; Ce qu'il fit, & entra auec les autres dans le batteau, & leur dit, Camarades, attendons que le Maistre du Vaisseau soit venu. Mais ses ordres n'estoient pas écoutés; car aussi-tost qu'ils eurent Rol dans leur batteau, ils couperent la corde qui les tenoit attachés au Vaisseau, & s'en esloignerent à force de rames. Pour moy, ie faisois cependant mon possible pour donner les ordres pour esteindre le feu: ie vis venir de mes gens qui me dirent; nostre cher Maistre, quel remede, que ferons-nous, l'on emmeine la Chaloupe & le Batteau: Ie leur dis que puis qu'ils s'esloignoient de nous, qu'asseurement ils auoient resolu de ne plus retourner; Ie courus sur le Tillac, & comme ie vis qu'en effet ils s'en alloient: Ie criay à mes gens, mettés les voiles au vent, nous verrons si nous les pouuons atteindre & faire passer dessus eux la quille de nostre Vaisseau; nous fismes voile vers eux; mais comme nous nous en estions approchés à la distance de quarante ou cinquante brasses, ils ramenerent contre le vent, & ainsi il leur fut aysé de nous éuiter, à cause que nostre Vaisseau qui alloit à la voile ne pouuoit pas faire la mesme chose pour les suiure. Voyant donc que nous ne les pouuions ioindre, ie dis à mes gens; Camarades, apres Dieu, nous ne deuõs plus attendre de secours que de nous-mesmes; que chacun mette la main à l'œuure, & qu'il tâche d'esteindre le feu. Ie fus aussi-tost dans la soute où estoit la poudre, & ie commençay à la jetter hors le bord; car ie voyois bien que c'estoit fait de nous si le feu y prenoit. Ie me jettay mesme auec les Charpentiers hors le bord, & nous tachâmes auec des tariers & autres instrumens de faire des trous, auec resolution de laisser entrer l'eau dans le Vaisseau jusques à la hauteur d'vne brasse & demye, pour esteindre ainsi le feu qui estoit dans le fonds de cale: Mais nous ne pûmes iamais percer le Vaisseau, à cause de la grande quantité de fer que nous trouuions en poussant nos tariers. Enfin, le desespoir estoit si grand, que ie ne le puis exprimer; on n'entendoit que gemissemens & que cris. Nous entreprîmes encore vne fois d'éteindre le feu à force d'eau, il sembloit que le feu fust diminué; mais quelque-temps apres il prit à l'huyle, & alors nous vismes que c'estoit en vain que nous trauaillions; car plus on jettoit d'eau, plus le feu sembloit prendre de force. Ce nouueau mal-heur augmẽta le desespoir & l'horreur de l'estat où nous estiõs. Nous ne laissions pas de tousiours jetter de l'eau, & de tirer la poudre hors le bord. Nous en auions desia jetté soixante demy barils, & il nous en restoit encore trois cens. Le feu s'y prit, & fit sauter en l'air le Vaisseau, auec cent dix-neuf personnes de l'Equipage qui y estoient restées. Le Vaisseau se brisa en cent mil pieces. I'estois alors sur le haut du Tillac; soixante personnes qui estoient proche du grand Mast pour jetter de l'eau, furent emportez auec vne telle violence, qu'on n'en vit plus aucun. Pour moy Guillaume Bontekoë, qui estois alors maistre du Vaisseau, ie fus emporté aussi en l'air. Ie crûs estre mort; ie leuay les mains au Ciel, & ie dis; Voila vne partie du chemin fait, c'est là que ie deuois aller; Seigneur, faites misericorde à vn pauure pecheur que ie suis. Ie ne laissay pas de conseruer le jugement dans ce saut, & j'eus quelque pressentiment que ie me pourrois sauuer d'vn accident si estrange. Ie retombay en ce temps-là entre les pieces du Vaisseau qui estoit entierement brisé. Ie pris vn nouueau courage dans l'eau. Ie regarday autour de moy, & ie vis que le grand Mast flottoit à vn de mes costez; j'apperceus à l'autre le Mast de Misaine. Ie me jettay dessus le grand Mast; & ie dis, voyant l'effort & l'éclat de la poudre; Seigneur, comment est-ce que ce beau Vaisseau est perdu comme Sodome & Gomorre. Ie ne voyois point d'homme viuant à l'entour de moy. Il y vint vn jeune homme porté sur des planches, qui s'aydoit le mieux qu'il luy estoit possible de ses mains & de ses pieds, & gagna enfin la Poulaine du Vaisseau qui estoit reuenuë sur l'eau; & s'y estant pris, il commence à dire; M'en voila dehors. Ie regarde de ce costé-là, & commençay à dire; Seigneur, est-il possible qu'il y aye encore quelqu'vn de nos gens en vie. Ce jeune homme se nommoit Herman de Kniphausen: Ie vis vn petit Mast qui flottoit proche de luy; & comme le grand Mast sur lequel j'estois, rouloit fort rudement s'en dessus dessous; tellement que ie ne m'y pouuois tenir qu'à peine. Ie dis à ce jeune homme; Faites aller vers moy le mieux que vous pourrez ce petit Mast qui est proche de vous; ie me mettray dessus, & tâcheray de m'approcher de vous, & de me mettre sur la mesme piece de bois sur laquelle vous estes. Ce qu'il fit; & sans cette ayde, iamais ie ne l'eusse pû approcher; car j'estois tout rompu du vol que la poudre m'auoit fait faire. I'auois le dos tout écorché, & deux trous à la teste. Nous nous assismes donc ensemble, chacun tenant auec les bras le bout d'vne courbe du Vaisseau, & les yeux tournez vers l'Esquif & le Batteau. Ils nous apperceurent à la fin; mais ils estoient si loin de nous, que nous ne pouuions pas juger s'ils s'en éloignoient, ou s'ils s'en approchoient. Le Soleil estoit sur le poinct de se coucher, ie dis à mon Camarade; Herman, il n'y a plus d'esperance pour nous; car il est tard, le Soleil se couche; l'Esquif & le Batteau sont si loin, qu'à peine les pouuons-nous voir. Et d'ailleurs, le Vaisseau est tout brisé; nous ne pouuons pas demeurer long-temps icy, c'est pourquoy prions Dieu qu'il nous tire de cette misere. Il nous fit cette grace; car nous connûmes aussi-tost que le Batteau & l'Esquif s'estoient approchez de nous. Cela nous réjouyt fort, & ie commençay à crier; Sauuez le Maistre, sauuez le Maistre du Vaisseau. Ils crioient de leur costé, & demandoient s'il estoit possible que leur Maistre fust en vie. Ils ramerent vers nous; mais ils n'osoient pas approcher du debris pour nous venir secourir, apprehendant de heurter contre quelque piece du Vaisseau. Herman se trouua auoir encore tant de force & de courage, qu'il se jetta à la nâge pour gagner le Batteau. Pour moy, ie leur criay; Si vous voulez me sauuer, il faut que vous me veniez prendre; car ie suis tellement brisé, que ie ne puis nâger. Le Trompette se jetta dans l'eau, & me donna le bout d'vne corde de mesche, qui luy estoit restée. Ie me l'attachay au trauers du corps, & ils me tirerent ainsi par vn miracle dans le Batteau. Le Marchand & le Souspilote s'approcherent de moy fort estonnez de me voir en vie. I'auois fait faire dans le derriere du Batteau vn peu de couuert, où deux hommes pouuoient bien tenir. Ie me mis dedans; & quoy que ie ne creusse pas pouuoir viure long-temps à cause de mes blesseures, & des deux trous que j'auois à la teste, ie ne laissay pas de dire à Rol & aux autres; Demeurez la nuict proche le debris du Vaisseau; car demain quand il sera iour, nous en pourrons tirer quelques viures, & peut-estre vne Boussolle pour trouuer la terre; car dedans l'Esquif ny dans le Batteau, il n'y auoit ny Carte, ny Compas, ny Arbalestre, & point du tout ou fort peu de nourriture, tant auoit esté grande la haste auec laquelle ils auoient quitté le Vaisseau. Ils disoient que le Maistre Pilote auoit tiré de l'Habitacle les Boussolles, & il sembloit par là qu'il eust apprehendé que nos gens eussent quitté le Vaisseau, & ne les eussent emportées. Pendant que j'estois sous le couuert du Batteau, le Marchand sans s'arrester à ce que ie leur auois dit, fit ramer, s'imaginant que dés le lendemain matin il seroit à terre. Mais quand le iour parut, nous nous trouuâmes éloignez du debris & de la terre aussi. Ils en estoient au desespoir. Ils vinrent, & regarderent dans le lieu où j'estois si ie viuois encore, & me dirent; Maistre, que ferons-nous, nous sommes éloignez du debris, & nous ne voyons aucune terre: Nous n'auons ny à boire, ny

Piece de bois courbée en forme de coste, sur laquelle l'on attache le bordage & planches du Vaisseau.

à manger, ny Arbaleſtre, ny Carte, ny Bouſſolle, que faire à cela? Ie leur dis; Camarades, il falloit executer ce que ie vous auois dit hier au ſoir. Si vous fuſſiez demeurez proche du debris, vous y euſſiez trouué beaucoup de viures. Quand j'en ſortis pour venir dans le Batteau, ie trouuay proche du Vaiſſeau tant de barriques de lard, & autres prouiſions, que j'auois peine à m'aduancer vers vous. Cher Maiſtre, me dirent-ils, ſortez vn peu. Ie leur dis que j'eſtois tellement eſtropié, qu'à peine ie me pouuois traîner. Que s'ils vouloient que ie ſortiſſe, il falloit qu'ils m'aydaſſent. Ils vinrent, & m'ayderent à ſortir. I'allay m'aſſeoir: ie jettay les yeux ſur les gens du Batteau, ie trouuay qu'ils ramoient. Ie leur demanday, mes Camarades, quels viures auez-vous dans voſtre Batteau. Ils ne trouuerent en tout qu'enuiron ſept ou huict liures de pain. Nous auions deux petits barils qui eſtoient vuides; on mit le pain dedans. Ie leur dis; Mes enfans, retirez vos Rames; il faut aller d'vne autre maniere; car autrement nous irions trop lentement pour le peu de viures que nous auons: qu'on mette les Rames dans le fonds du Batteau. Que ferons-nous donc? dirent-ils. Que chacun oſte ſa chemiſe, leur repliquay-je, & qu'on les couſe enſemble pour en faire des Voiles. Ils me dirent; Nous n'auons point de fil pour les coudre. Prenez, dis-je alors, les bouts de cables qui pendent le long du Batteau, & en faites du fil. Ils firent le meſme dans l'Eſquif. Nous comptâmes noſtre monde; nous trouuâmes quarante-ſix perſonnes dans le Batteau, & vingt-ſix dans l'Eſquif, qui faiſoient enſemble le nõbre de ſoixante & douze perſonnes. Il ſe trouua par hazard dans le Batteau vn couſſin & vn gaban, qui eſt vne eſpece de robe dont ſe ſeruent les peſcheurs lors qu'ils vont à la peſche. Ils me donnerent l'vn & l'autre. Ie me couuris du gaban, & me mis le couſſin ſur la teſte; i'y eſtois bleſsé en deux endroits. Le barbier eſtoit bien dans noſtre Batteau; mais il n'auoit point de medicamens. Il maſcha entre ſes dents vn peu de pain, & l'eſtendit ſur mes playes. Ie fus guery par cét emplaſtre, ou pluſtoſt par la grace de Dieu. Ie m'offris auſſi de dépoüiller ma chemiſe comme les autres; mais ils ne voulurent pas le permettre, & n'oublierent aucun des ſoins qui pouuoient ſeruir pour me guerir. Nous employâmes tout vn iour à coudre nos chemiſes enſemble.

Le vingtiéme Nouembre, nous conduiſimes noſtre courſe par la veuë des eſtoiles, & par leur leuer & leur coucher. La nuict il faiſoit ſi froid, que nos gens en trembloient; & le iour ſi chaud, qu'on ne pouuoit durer.

Le vingt & vn, vingt-deux, & vingt-troiſiéme du meſme mois, nous fiſmes vne Arbaleſtre pour prendre la hauteur. Nous traçâmes vn quart de cercle ſur vne planche, & par ſon moyen nous marquions les degrez ſur l'Arbaleſtre. Celuy de nos gens qui auoit eſté loüé pour faire des coffres & des caiſſes, auoit vn compas, & quelque connoiſſance de la maniere dont il faut graduer l'Arbaleſtre; tellement que tous enſemble nous en fiſmes vne qui nous ſeruit pour prendre la hauteur. Ie marquay auſſi vne Carte ſur vne planche, i'y mis l'Iſle de Sumatra, celle de Iaua, & le détroit de Sunda qui eſt entre ces deux Iſles, ſuppoſant que le naufrage s'eſtoit fait à nonante milles de la terre. Ie fis auſſi vne Bouſſolle, & tous les iours ie faiſois mon eſtime. Ie pointay ce jour-là ma Carte à ſeptante milles du détroit; afin que quand nous viendrions à trouuer la terre, nous ſçeuſſions mieux de quel coſté il falloit tourner pour continuer noſtre route. I'ay dit que nous auions ſept ou huict liures de pain, i'en donnois tous les iours à chacun ſa ration, autant qu'il pût durer; mais nous en viſmes bien-toſt la fin, chacun en auoit vne petite tranche de l'épaiſſeure d'vn doigt. Nous n'auions point à boire; c'eſt pourquoy auſſi-toſt qu'il pleuuoit, nous abbattions nos Voiles, & ramaſſions dedans le plus d'eau que nous pouuions pour la mettre dans les petits barils. Et quand ils eſtoient plains, nous les mettions à part pour nous en ſeruir aux iours pendant leſquels il ne pleuuoit point. Ie coupay le bout d'vn ſoulier, chacun de la troupe venoit à ſon tour proche des barils, & y puiſoit autant d'eau qu'il en pouuoit tenir dedans, & ſ'en retournoit apres à la place qui luy auoit eſté marquée ; & quoy que nous fuſſions dans ce grand beſoin, Maiſtre, diſoient-ils, prenez-en tant que vous voudrez ; car enfin il n'y en a pas aſſez pour nous tous. Mais voyant par là leur affection, ie m'en croyois plus obligé à l'épargner que les autres. Nous faiſions voile de conſerue auec l'Eſquif ; le Batteau alloit mieux à la voiſe. Et de plus dans l'Eſquif, il n'y auoit perſonne qui entendit la Nauigation ; tellement que toutes les fois qu'ils ſ'approchoient de nous, ils nous prioient qu'on les receut dans le Batteau. Ils me diſoient, Maiſtre, prenez-nous dans le Batteau, afin que nous puiſſions eſtre tous enſemble. Ceux du Batteau diſoient au contraire ; Maiſtre, ne les receuez pas ; car ſi vous les receuez nous ſommes perdus, & le Batteau n'eſt pas aſſez grand pour porter tant de monde. La miſere eſtoit grande parmy nous ; car nous n'auions point de pain, & nous ne voyons point de terre. Ie leur aſſeurois touſiours pour leur donner courage, que nous en eſtions proche. Ils murmuroient entre-eux, le Maiſtre a beau dire que nous approchons de la terre ; mais peut-eſtre que nous nous en éloignons. Vn iour que nous eſtiõs à l'extremité, & prés de mourir de faim, Dieu permit que des Mauuettes vinrent voler dans noſtre Batteau, comme ſi elles euſſent voulu ſe faire prendre ; car elles voloient quaſi dans nos mains, & ſe laiſſoient prendre. On les plumoit ; on les coupoit par petits morceaux, & on en donnoit vn peu à chacun. Nous les mangions toutes cruës, & ie vous aſſeure que ie n'ay rien trouué en ma vie de ſi bon gouſt : nous n'en auions qu'autant qu'il en falloit pour ne pas mourir de faim. Cependant on ne voyoit point de terre, nos gens reſolurent de prendre auec eux ceux qui eſtoient dans l'Eſquif, diſant que puis qu'il falloit mourir de ſoif & de faim, qu'il eſtoit encore mieux de mourir enſemble. Ils prirent donc les gens qui eſtoient dans l'Eſquif, auec leurs Rames & leurs Voiles qu'ils mirent ſur le Batteau. Nous auions donc trois Voiles, & trente Rames que nous miſmes ſur les bords du Batteau, & qui faiſoient ainſi vne eſpece de Pont ou Tillac. Le Batteau eſtoit ſi creux, qu'vne partie de nos gens pouuoit aiſément demeurer aſſis au deſſous des Rames, cependant que l'autre moitié eſtoit aſſiſe au deſſus ; ainſi nos gens y eſtoient aſſez à leur aiſe.

Ces ſeptante-deux perſonnes ſe regardoient les vns les autres auec des yeux où le deſeſpoir eſtoit peint ; car nous n'auions plus ny à boire ny à manger. Il n'y auoit plus de pain, les oyſeaux ne venoient plus, & le temps ne nous promettoit point de pluye. Quand par vne ſpeciale miſericorde de Dieu, certains poiſſons qui volent, gros comme nos plus gros Eſperlans, ſe leuerent de la Mer, & vinrent voler par troupe dans noſtre Batteau ; chacun ſe mit en deuoir d'en prendre ; nous les diuiſâmes entre nous ; nous les mangeâmes tous creus, & les trouuâmes fort bons ; mais ce ſecours eſtoit de peu de durée. Ce qui me donnoit le plus de courage, eſtoit de voir que perſonne ne mouroit : nos gens auoient deſia commencé à boire de l'eau ſalée, contre la deffenſe que ie leur en auois faite. Ie leur diſois, Camarades, ne beuuez point d'eau ſalée ; car elle n'eſtanchera point vôtre ſoif, vous donnera le flux de ſang, & la mort en ſuite. Quelques-vns tenoient dans leurs bouches des balles de mouſquet ; d'autres beuuoient leur vrine. Pour moy, ie la beus auſſi long-temps que ie la pûs boire : Elle changea à la fin, de ſorte que ie n'en pouuois plus boire. Nous nous trouuâmes ſi preſſez de la faim, que nous nous viſmes ſur le point d'attenter les vns ſur les autres pour nous manger : quelques-vns en parloient deſia, & faiſoient leur compte qu'il falloit commencer par les plus jeunes de l'Equipage. Ceux à qui l'âge faiſoit craindre ce riſque, ſe leuoient, & ſe vouloient jetter dans l'eau : I'en eſtois extrémement affligé. Ie priay Dieu qu'il eſtendit ſur nous ſa miſericorde, & qu'il ne ſouffrit pas que nous fiſſions vn tel crime : qu'il ne voulut point éprouuer nôtre patience au delà des forces de noſtre nature, dont il connoiſſoit la foibleſſe. I'en vis meſme quelques-vns qui auroient commencé le maſſacre des jeunes gens,

Dans d'autres Relations, on voit qu'à force de le boire dans ces extremitez, elle deuiét épaiſſe.

si ie ne les eusse retenus, & que ie n'eusse prié pour eux, disant; Camarades, ne le faites pas encore, Dieu nous tirera du mal-heur où nous sommes; nous ne pouuons pas estre loin de terre, selon l'estime & les obseruations que j'ay faites. Ils me répondoient; il y a long-temps que vous nous dites la mesme chose, & cependant nous ne voyons point la terre, & peut-estre que nous nous en éloignons. Ils ne se rendoient point à ce que ie leur pouuois dire: Enfin, ils me donnerent le tẽps de 3. iours, disant que si entre-cy & ce temps-là ils ne trouuoient point la terre, il n'y auoit rien qui les pût empescher de manger les mousses de l'Equipage; ce qui estoit à la verité vne resolution de gens desesperez. Ie priois Dieu de tout mon cœur, qu'il voulut regarder des yeux de sa misericorde nostre misere, & qu'il nous voulut conduire dans ce temps-là à terre, afin que nous ne tombassions point dans vn crime si execrable. Ie tâchois de consoler les autres; mais dans le fonds j'auois le cœur si abbatu, que j'auois bien besoin de consolation moy-mesme.

A peine auiõs-nous la force de nous tenir debout; Le Marchand entre-autres estoit si abbatu, qu'il ne pouuoit se leuer de sa place. Pour moy, j'auois encore assez de courage pour aller d'vn bout du Batteau à l'autre. Nous fusmes ainsi jusques au deuziéme Decembre 1619. qui estoit le treiziéme iour depuis la perte de nostre Vaisseau. Le temps se broüilla; il se mit à pleuuoir & à faire de la broüine: nous deffismes nos Voiles, nous les étendîmes sur le Batteau, & nous nous mismes à couuert dessous, & nous remplîmes nos petits barils de l'eau que nous recueillîmes dans nos Voiles. Nos gens n'auoient presque point d'habits, à cause de la haste auec laquelle ils estoient sortis du Vaisseau, outre qu'ils auoient donné leurs chemises pour faire des Voiles. La pluspart estoiẽt en caleçon, & auoiẽt la moitié du corps découuert. Ils se tenoient pressez les vns contre les autres à couuert de la Voile, pour estre plus chaudement. Pour moy, ie tenois en ce temps-là la barre du gouuernail; & selon mon estime, j'estois fort proche de terre. I'esperois que le temps s'éclairciroit bien-tost; mais le broüillard l'en empescha. Ie sentis enfin tant de froid, que ie ne pûs demeurer dauantage au gouuernail. I'appellay vn des Quartier-maistre; ie luy dis, Prend ma place; car ie n'y peus pas demeurer dauantage. Ie me mélay au milieu de nos gens pour me réchauffer vn peu. Le Quartier-maistre n'auoit pas esté vne heure en cette place, que le temps s'éclaircit, & qu'il vit la terre. Il s'écria de toute sa force, debout, Camarades, la terre est tout proche de nous. Nous nous leuâmes tout aussi-tost; nous virâmes pour gagner cette terre que nous voyons, & nous y arriuâmes le mesme iour: que Dieu en soit loüé, il exauça nos prieres, nous les auions faites dés le matin, & nous auions chanté vn Pseaume apres la priere: car nous auions encore vn Liure de Pseaumes auec nous; la plusparr du temps j'estois le Lecteur. Quãd nous approchâmes de la terre, nous trouuâmes que la Mer rompoit si rudement contre la coste, que nous n'ozâmes nous hazarder à y descendre. Enfin, nous trouuâmes vn recoin de la coste, qui estoit à l'abry du vent: nous y jettâmes nostre Ancre, & nous en mismes encore vne autre à terre qui nous restoit, plus petite que la premiere: Nous sautâmes du mieux que nous pûmes à terre, tous nos gens se mirent à courre vers les bois. Pour moy, aussi tost que ie fus descendu, ie me mis à genoux; ie baisay la terre de joye, remerciay Dieu de ce que sa misericorde nous auoit sauuez, & nous auoit tirez du mal-heur où nous estions. Le iour de nostre débarquement estoit le dernier de ceux apres lesquels nostre monde auoit resolu de tuer les jeunes gens & les manger. Il parut en cela que Dieu est le meilleur de tous les Pilotes, & que luy seul auoit conduit nostre route. On trouua dans l'Isle beaucoup de noix de Cocos; mais quelque diligence que nous peussions faire, nous ne trouuâmes point d'eau; nous ne laissions pas d'étancher nostre soif auec le suc des noix de Cocos les plus nouuelles, qui nous estoit vne boisson fort agreable. Pour les vieilles, dont l'écorce estoit dure, nous les mangions; mais nous ne songions pas que nous en faisions excez; & la mesme nuict nous en fusmes tous fort malades, auec de si grandes douleurs de ventre & de tout le corps, qu'il sembloit que nous en deussions creuer ; mais ces douleurs ne durerent pas long-temps. Le iour suiuant, nous nous trouuâmes en bonne santé, & nous courûmes toute l'Isle. On ne trouua point de peuple ; mais bien des marques qu'il y en auoit eu. Pour tous viures, il n'y auoit que des noix de Cocos. Nos gens me disoient qu'ils auoient veu vne couleuure qui auoit bien vne brasse de grosseur ; pour moy ie ne la vis point. Cette Isle est à quatorze ou quinze milles de Sumatra ; nous y trouuâmes autant de noix de Cocos qu'il en falloit pour la prouision de nostre Batteau ; nous mangions les plus seches, & des nouuelles nous tirions dequoy boire. Sur le soir nous quittâmes l'Isle, & tirâmes droit vers la terre de Sumatra. Le iour suiuant nous en eûmes la veuë : nous courûmes la coste vent derriere, en tirant vers l'Est. Quand on eut acheué de manger la prouision, nos gens vouloient retourner à terre ; nous faisions voile proche de la coste ; mais nous ne trouuions point de lieu propre pour descendre, à cause que la Mer y rompoit trop rudement. Enfin, on resolut que quatre ou cinq hommes sauteroient hors le bord, & qu'ils tâcheroient de nâger à terre au trauers des vagues ; qu'ils iroient le long de la coste pour voir s'il n'y auroit point quelque ouuerture où on pût faire entrer le Batteau. Ce qu'ils firent, & coururent le long de la coste, comme nous faisions aussi à la voile. Apres auoir bien couru, ils trouuerent enfin vne riuiere ; ils tirerent leurs caleçons, & nous firent signe que nous eussions à venir. A ce signal nous cinglâmes vers eux ; mais en estant proche nous trouuâmes qu'à l'embouchеure de cette riuiere, il y auoit vn banc sur lequel la Mer brisoit auec grande force : c'est pourquoy ie leur dis, Camarades, ie n'entreprendray pas de passer ce banc & ces brisures, si vous n'en demeurez d'accord ; & qu'au moins si le Batteau eschouë, vous ne puissiez pas vous plaindre que j'aye manqué à vous faire sçauoir le danger où ie vous mettois. Ie leur demanday les vns apres les autres, ce qu'ils en pensoient : Ils me dirent qu'ils estoient resolus d'en courir le hazard. O bien, leur dis-je, j'hazarderay ma vie auec les vostres. Ie donnay ordre que sur le derriere du Batteau il y eust vn auiron de chaque costé, & deux hommes à chaque auiron pour tenir le Batteau droit contre la vague ; pour moy j'estois au gouuernail. La premiere vague emplit le Batteau à demy plain d'eau. Ie leur criay, Camarades, vuidez l'eau, vuidez l'eau ; ce qu'ils faisoient auec leurs chappeaux & les deux petits barils vuides que nous auions dans le Batteau. Il en vint vne seconde qui le remplit quasi jusques au haut du couuert des deux bouts, & le jetta de telle force sur le costé, que le Batteau en enfonça, & sembloit qu'il allât estre englouty. Ie leur criay, Camarades, tenez-vous fermes, vuidez l'eau, vuidez l'eau, autrement nous sommes tous perdus. Nous redressâmes le Batteau, & nous vuidâmes l'eau le mieux que nous pûmes. Il vint vn troisiéme coup de Mer ; mais il ne rompit pas si proche de nostre Batteau, & ainsi ne nous jetta pas beaucoup d'eau. Apres cela, nous trouuâmes fort peu d'eau, & ainsi nous nous tirâmes de ce danger. Nous goûtâmes de cette eau, elle se trouua bonne à boire ; ce qui nous donna bien de la joye. Nous mîmes nostre Batteau du costé droit de la riuiere.

L'herbe y estoit fort haute, nous y trouuâmes quantité de feverolles. Tous nos gens se mirent à en cueillir & à en manger : pour moy ie fis la mesme chose. Ils y trouuerent aussi du feu & vn peu de tabac ; ce qui leur fut vne grande joye ; car nous voyons par là qu'il y auoit des Habitans dans l'Isle. Il y auoit dans le Batteau deux haches ; nous nous en seruîmes pour abbattre des arbres, & nous employâmes ce bois à faire du feu en sept ou huict endroits : nos gens estoient assis deuant ces feux dix à dix, douze à douze, & prenoient du tabac. Sur le soir nous fismes de grands feux, & nous mismes des sentinelles en trois endroits, de peur d'estre surpris par les Sauuages ; car la Lune ne luisoit point. La mesme nuict nous nous trouuâmes tous si malades des féves que nous auions mangées, & nous en ressentions de si grandes douleurs & tranchées, que nous en croyons mourir : la mesme chose nous estoit arriuée auparauant pour auoir mangé des noix de Cocos. Comme nous estions en cét estat, les Sauuages vinrent à nous auec dessein de nous surprendre, & de nous égorger. Les sentinelles les apperceurent; elles nous vinrent trouuer, & nous dirent, Camarades, que ferons-nous, ils approchent; nous n'auons point d'autres armes que deux haches, & vne épée roüillée; la plus-part de nos gens sont malades de féves qu'ils ont mangées. Nous ne laissâmes pas de resoudre de ne nous point laisser assommer de la sorte; & estans armez de bastons allumez par le bout, nous aduançâmes vers eux dans l'obscurité de la nuict. Le feu de ces bastons & les estincelles qui en sortoient, estoient assez propres à donner de l'épouuante dans vne nuict obscure. Les Sauuages d'ailleurs ne sçauoient pas que nous n'auions point d'armes; ils s'enfuyrent dans vn bois, & nous retournâmes vers les feux que nous auions faits, demeurans toute la nuict dans cette inquietude. Le Marchand Rol & moy, nous nous mîmes dans le Batteau, croyant y estre plus en seureté qu'à terre. Le matin comme le Soleil commençoit à paroistre, trois des Habitans sortirent du bois & vinrent vers la Greue: Nous détachâmes trois de nos Matelots vers eux, qui entendoient vn peu la langue de Malaca; car ils auoient esté auparauant aux Indes Orientales. Comme ils s'en approcherent, les Sauuages leur demanderent quels gens nous estions. On leur répondit que nous estions Hollandois; & que le feu s'estant pris à nostre Vaisseau par mal-heur, nous estions là venus chercher quelque rafraîchissement. Leur réponse fut, qu'ils auoient des Poules & du Ris. Ils s'approcherent alors du Batteau, & nous demanderent si nous auions encore des armes; nous leur dismes que nous en auions vn bon nombre, des mousquets, de la poudre, & des balles. I'auois fait estendre les voiles sur le Batteau, qui en estoit couuert, tellement qu'ils ne pouuoient pas voir le mauuais estat où nous estions. Ils nous apporterent du Rys qui estoit cuit auec quelques Poules.

Nous fismes vne recherche entre nous, pour sçauoir quel argēt nous pouuiōs auoir. Il y en auoit qui apportoient cinq pieces de cinquante-huict sols, d'autres six, d'autres douze; les vns plus, les autres moins; si bien que nous mismes ensemble la valeur de quatre-vingt pieces de cinquante-huict sols. Nous payâmes de cét argent leurs Poules, & le Rys qu'ils nous auoient apportez. Apres auoir mangé, nous tinsmes conseil de ce que nous deuions faire; & cōme nous ne sçauions point où nous estions, nous leur demandâmes comment ils nommoient leur pays; mais nous ne pûmes en façon du monde entendre s'ils le nōmoient Sumatra, ou autrement. Ils nous monstroient bien auec la main que Iaua estoit là proche, & mesme nous nommoient Ian-Coen nostre General, qui faisoit alors sa residence en l'Isle de Iaua. Enfin, à force de les interroger, & de leur faire des signes, nous vinsmes à connoistre que nous estions au dessus du vent de l'Isle de Iaua. Nous auions nauigé sans Boussole, & ainsi nous ne sçauions point precisément la route que nous auions faite. Nous commençâmes dés lors à en auoir l'esprit plus en repos. Nous auions besoin d'vne plus grande quantité de viures pour acheuer nostre voyage; c'est pourquoy il fut resolu que j'irois auec quatre Mariniers jusques au village qui estoit vn peu éloigné, & que j'y porterois l'argent que nous auions pû mettre ensemble, pour achepter la plus grande quantité de viures qui nous seroit possible. Ce que ie fis en remontant la riuiere dans vn petit Batteau fait du tronc d'vn arbre creusé à la façon du pays: I'y acheptay du Rys & des Poules, & ie l'enuoyay tout aussi-tost vers le Batteau au Marchand Rol, auec ordre qu'on le partageât sur le champ entre nos gens, afin qu'il n'y eust point de dispute. Pour moy cependant, auec mes quatre Mariniers, j'auois fait tuer dans le village deux ou trois Poules, & ie les auois fait cuire auec du Rys. Il y auoit aussi dans le village vne espece de boisson, qu'ils font de l'écorce de certains arbres: elle estoit si forte, qu'on s'en seroit enyuré fort aisément. Nous n'en bûmes qu'vne fois chacun, & cependant cette boisson commençoit desia de nous monter à la teste.

Apres disné, j'acheptay vn Buffle pour cinq pieces de huict & demy, ie le payay; mais quand mes Mariniers le voulurent conduire, il se trouua si sauuage, qu'il s'échapa de leurs mains; nous perdîmes bien du temps pour le reprendre. Comme la nuict venoit, ie resolus de m'en retourner vers le Batteau, pensant qu'il seroit plus aysé le lendemain de reprendre nostre Buffle. Ces quatre Mariniers s'offrirent de demeurer là la nuict si ie leur voulois permettre, s'asseurant de le pouuoir reprendre lors qu'il seroit establé. Quoy que ie n'approuuasse point cette pensée, ie ne laissay pas de leur permettre, & de me laisser vaincre à leur importunité. Ie pris congé d'eux, & nous nous disines bon soir les vns aux autres. Comme j'approchay du bord de la riuiere, où estoit le petit Batteau dans lequel j'estois venu, ie vis là proche vne troupe de Sauuages, & ie remarquay qu'ils estoient en dispute entre-eux. Il me sembloit que les vns vouloient qu'on me laissât aller, & que les autres insistoient sur le contraire: I'en pris vn ou deux de la troupe par le bras, & ie les tiray vers le Batteau pour venir auec moy, auec autant d'asseurance que si j'eusse esté leur maistre. Ils estoient affreux de visage, comme des Spectres. Ils ne laisserent pas de se laisser persuader, & vinrent auec moy dans le Batteau: l'vn se mit à se seoir sur le derriere du Batteau, & l'autre sur le deuant, chacun auec son auiron à la main. Nous nous mismes à l'eau; ils auoient chacun à leur costé, vne arme qui estoit faite comme vn poignard. Comme nous eûmes fait vn peu de chemin, celuy qui estoit derriere vint à moy; car j'estois au milieu du Batteau, & me dit qu'il vouloit auoir de l'argent. Ie mis la main dans ma poche, j'en tiray vne piece de quatorze sols, que ie luy donnay. Il se mit à la regarder, & me parut n'estre pas bien resolu de ce qu'il deuoit faire. Il la prit à la fin, & la mit dans le petit morceau de drap qu'il auoit deuant luy. L'autre qui estoit sur le deuant du Batteau, voyant que son camarade auoit eu quelque chose, vint aussi à moy, & me dit qu'il vouloit que ie luy en donnasse autant. Ie tiray vne autre piece de quatorze sols de ma poche, ie luy donnay. Il s'arresta, & se mit aussi à regarder cette piece. Ie crûs qu'il estoit en doute s'il deuoit prendre l'argent, ou s'il me deuoit assassiner: Ce qu'ils pouuoient faire aisément; car ie n'auois point d'armes, & chacun d'eux auoit son poignard au costé. Dieu sçait où i'en estois. Nous voguâmes contre les vagues, lesquelles estoient grandes en cette riuiere. Quand nous fûmes à moitié chemin, ils se mirent à parler & disputer ensemble, ie crûs auoir reconnu à toutes leurs manieres, qu'ils me vouloient assassiner; le cœur m'en battoit de peur. I'eus recours à Dieu; ie luy demanday misericorde, & qu'il m'ouurit l'esprit, & m'inspirât ce que ie deuois faire dans ce rencontre: il me sembla auoir esté inspiré alors de me mettre à chanter; ce que ie fis, quoy que dans l'extremité où j'estois, ie n'en eusse pas beaucoup d'enuie. Ie chantay vne chanson, qui commence, *Arbres, ruisseaux*, &c. En effet, il y en auoit beaucoup le long de la riuiere: comme ils entendirent que ie chantois, ils se mirent à rire, & ouuroient la bouche, de telle façon qu'on leur pouuoit voir iusques dans le gozier, & ie reconnu par là qu'ils estoient persuadez que ie ne me deffiois point d'eux. Ie trouuay ainsi par experience, qu'vn extréme danger & vne grande crainte peuuent faire chanter vn homme. Enfin nous aduançâmes tant, que ie découuris nostre Batteau. I'appellay nos gens qui en estoient proches, ils vinrent aussi-tost vers moy le long de la riuiere, ie fis entendre à ces Sauuages qu'ils eussent à me mettre à terre; car ie croyois par là me mettre à couuert de leurs desseins. Comme ie fus sorty de ce danger, auec l'assistance de Dieu, & que i'approchois de nostre batteau, les Sauuages nous demanderent où nos gens passoient la nuit; nous leur dismes, qu'ils la passoient sous des tentes & sous des feüillées qu'ils auoient faites. Ils nous demanderent encore où nous couchions, le Marchand Rol & moy. Ie leur dis que nous couchions dans l'Esquif dessous la Voile; ils s'en retournerent apres vers le village. Ie contay à Rol, & au reste de nos gens, ce qui m'estoit arriué; comme i'auois achepté vn Buffle dans le village, qui s'estoit échappé sur le soir, & que nous n'auions pas pû le prendre: que les quatre Matelots qui estoient venus auec moy, s'estoient offerts de le reprendre, & de le ramener à bord, si ie leur permettois d'y passer la nuict: ce que ie leur auois enfin accordé par importunité, à condition qu'ils se rendissent le lendemain

main de grand matin à bord auec ce Taureau. Apres que ie leur eus rendu compte des accidens qui m'estoient arriuez, nous nous allâmes coucher.

Le iour suiuant, le Soleil estoit desia assez haut, que nous n'auions point de nouuelles de nos gens, ny du Taureau, qu'ils deuoient amener: nous commençâmes alors à soupçonner, qu'il leur estoit arriué quelque chose de fascheux: quelque-temps apres nous vismes deux Sauuages, qui venoiẽt à nous auec vne beste qu'ils chassoient deuant eux: comme ils furent proche, ie leur dis, que ce n'estoit pas la mesme beste que j'auois acheptée, & que ie leur auois payée. Nostre Bouteillier entendoit vn peu leur langage, & leur demanda où estoient les quatre Matelots, qui auoient esté en leur village, & pourquoy ils n'auoient pas amené la mesme beste que nous auions acheptee. Leur réponse fut, qu'ils n'auoient pas pû la reprendre, & que nos gens venoient auec vn autre Buffle; de laquelle réponse nous demeurâmes en partie contens. Comme ie vis que le Taureau que les Negres auoient amené, estoit fort sauuage & difficile à tenir; ie dis à nostre Sergent, donne vn coup de hache à cette beste, de peur qu'elle ne s'enfuye, & que nous ne la perdions comme l'autre: ce qu'il fit, & la jetta par terre. Ces deux Negres se mirent à faire des cris épouuantables, & à ce bruit accoururent enuiron deux ou trois cens hommes, lesquels s'estoient mis en embuscade derriere vn bois, & croyoient nous couper le chemin de nostre Batteau, & nous assommer tous ensemble; mais ils furent apperceus assez à temps par trois de nos Matelots, qui auoient fait vn peu de feu à quelque distance du lieu où nous estions. Ils coururent vers nous, pour nous aduertir que nous allions estre attaquez. I'en découuris enuiron quarante, qui sortoient du bois; & ie dis à nos gens, demeurez fermes, nous sommes encore assez forts de monde pour les attendre; mais comme ie vis qu'ils grossissoient tousiours, & qu'ils venoient à nous auec vn visage terrible comme des Spectres, ie me mis à crier; Camarades, que chacun fasse le mieux qu'il pourra pour gagner le Batteau; car s'ils nous en coupẽt le chemin, nous sommes morts. Nous nous mismes donc en deuoir de gagner tous ensemble le Batteau; ceux qui ne pûrent pas y arriuer, se jetterent à nâge dans la riuiere. Les Negres nous suiuirent jusques au Batteau, qui estoit mesme vne mauuaise resource pour nous; car l'empressement auec lequel nous y estions accourus, ne nous auoit pas permis de remporter nos Voiles que nous auions tenduës à terre pour nous seruir de tantes. Les Negres estoient à nos talons, lors que nous nous jettions dedans le Batteau, & perçoient nos gens à coups de azegayes: nous nous deffendions le mieux qu'il nous estoit possible, auec les deux haches qui nous estoient restées, & nostre épée roüillée ne nous fut pas inutile; car vn Boulanger, qui estoit vn homme puissant, s'en seruit brauement sur le derriere du Vaisseau. Nous tenions à deux cordes, vne à terre, & vne autre qui estoit celle de l'Ancre que nous auions iettée en mer. Comme ie fus arriué vers le pied du Mast, ie criay au Boulanger; hachez la corde de l'Ancre qui est à terre. Il se mettoit en deuoir de le faire, mais il n'en pût venir à bout: cela fit que ie passay sur le derriere du Batteau où il estoit; ie pris la corde, & la tenant étenduë sur le bout de la quille, ie luy dis, couppe-là maintenant; ce qu'il fit d'vn seul coup. Nos gens en tirant sur l'autre, qui tenoit à l'Ancre, faisoient aduancer le Batteau vers la mer: les Negres les suiuent iusques dans l'eau; mais comme ils commençoient à perdre pied fort proche du bord, ils abandonnerent nostre Batteau, & nous nous mismes à repescher nos gens qui estoient à nâge dans la riuiere. Ce fut par vne grace speciale de Dieu, que le vent, qui auoit soufflé iusques alors du costé de la mer, se tourna tout à coup du costé de la terre. Nous employâmes le peu de Voile qui nous restoit, & vne bouffée de vent nous tira du mauuais pas où nous estions, & nous jetta en mer.

Nous n'eûmes point de peine à passer ce banc, où nous auions couru si grand danger en arriuant, à la sortie nous le passâmes fort aysément. Les Negres estoient accourus vers la partie de la terre la plus aduancée; & comme ils ne croyoient pas que nous pûssions iamais nous tirer de ce banc, ils esperoient auoir bon marché de nos vies; mais Dieu ne vouloit pas que nous nous perdissions en ce rencontre: le Batteau se trouua estre haut du deuant, & s'éleua ainsi plus aysément sur les vagues, contre lesquelles le vent nous poussoit. Le Boulanger qui se sçeut si bien seruir de l'épée, comme nous auons dit, auoit esté blessé au dessus du nombril d'vne arme empoisonnée; les bords de sa playe estoient d'vne couleur bleuë: Ie coupay & cernay tout autour la partie qui me paroissoit empoisonnée, pour empescher le poison de gagner dauantage; mais ce fut inutilement, car il mourut sur le champ; nous le jettâmes hors le bord. Nous comptâmes apres nôtre monde, & trouuâmes que nous auions perdu seize hommes; onze qui auoient esté tuez à terre, le Boulanger qui estoit mort dans le bord, & ces quatre premiers Matelots qui n'estoient point reuenus du village, comme j'ay dit. Cette perte nous affligeoit extrémement, quoy que nous eussions sujet de remercier Dieu, de ce que nous n'estions pas tous peris en cette occasion.

Pour moy, ie croyois auoir obligation à ces quatre Matelots, de la conseruation de ma vie; car ie croy que s'ils fussent retournez auec moy vers le Batteau, les Negres nous eussent tuez tous cinq, car quand ie me trouuay sur le bord de la riuiere, ie leur dis que le iour suiuant ie retournerois auec plus de monde. Et il y a apparence qu'ils resolurent entre-eux de me laisser aller pour faire vn plus grãd coup, & nous auoir tous ensemble, s'asseurans que ie ne manquerois pas de retourner pour reuenir querir les quatre Matelots qui demeuroient entre leurs mains, comme vn gage qui m'obligeroit à retourner. Il nous fut pourtant bien fâcheux d'estre contraints de les abandonner; car ie croy qu'ils les égorgerent tous quatre. Nous prîmes nostre route-vent derriere le long de la coste; il nous restoit encore huict Poules, & vn peu de Rys, & tout cela pour cinquante-six personnes que nous estions; c'estoit à la verité bien peu de chose pour tant de bouches, chacun en eut sa part, & on demeura d'accord qu'il falloit retourner à terre; car la faim commençoit desia à nous presser, & il n'y auoit point d'esperance de pouuoir trouuer en mer aucune nourriture. Nous tournâmes donc vers la terre, où nous découurîmes vne Baye. Nous entrâmes dedans, & y vismes plusieurs Sauuages qui estoient ensemble. Nous courûmes à eux; mais ils ne nous attendirent pas, & s'enfuyrent de nous. Nous ne trouuâmes aucun viure; mais bien de l'eau fraîche, dont nous bûmes à nostre ayse, & en remplîmes nos deux petits barils. Nous trouuâmes dans les roches des petites huîtres, & des moûles, chacun en emplit ses pochettes. I'auois acheptè à l'endroit où nous auions perdu nostre monde, plain le creux d'vn chappeau de poivre. Ce qui vint fort à propos pour manger les huîtres. Nous fismes voile, & sortîmes de la Baye pour continuer nostre voyage; & comme nous estions desia assez loin de terre, il commença à s'éleuer vne grande tempeste, qui nous obligea de baisser toutes les voiles; & nous estans mis à couuert de ces mesmes voiles, nous nous laissâmes aller au gré du vent, n'esperant qu'en la misericorde de Dieu. Deux heures auant iour, la tempeste commença à diminuer, le temps se fit beau, & nous nous seruîmes de nos voiles pour aller à la bouline; car le vent estoit contraire, nous nous éloignions tousiours de la coste, & il parut bien que Dieu auoit soin de nostre conseruation; car si nous n'eussions point eu cette tempeste, & le vent contraire, nous eussions continué d'aller le long de la coste, & sans doute nous nous fussions arrestez en quelqu'vn des endroits proche de Sumatra, où les nostres ont accoustumé de s'arrester pour faire eau. Les peuples de ces quartiers estoient deuenus grands ennemis de nostre Nation; & peu de temps auparauant, ils en auoient assassiné plusieurs, qui estoient venus pour chercher de l'eau; il y a grande apparence qu'ils nous auroient fait le mesme traitement.

A la pointe du iour, nous découurîmes trois Isles ; & quoy que nous les creussions inhabitées, nous ne laissâmes pas d'esperer qu'il s'y pouuoit trouuer quelque chose pour nostre subsistance : Nous y arriuâmes le mesme iour, & y trouuâmes de l'eau bonne à boire, & des cannes aussi grosses que la jambe d'vn homme ; on les appelle des Bambus : on se mit à en couper auec les haches ; & apres auoir percé tous les nœuds qui se trouuoient au dedans, hormis le dernier, on emplissoit le creux de la canne ou bambu d'eau, & on bouchoit apres le bout d'en-haut ; si bien que nous en ramassâmes dans ces cannes, autant qu'il en auroit pû tenir dans deux tonneaux de mer. Nos gens coururent toute l'Isle, sans trouuer dans ces bois rien qui nous fut propre. Ie me separay d'eux ; & estant sur le sommet d'vne montagne la plus haute qui soit dans l'Isle, l'esprit fort abbatu, de voir que n'ayant iamais esté aux Indes Orientales, & estant dépourueu de toutes les choses qui sont necessaires à vn Pilote, & sans Boussolle, ie me voyois chargé de la conduite de ce peuple, ie ne trouuay point de meilleure resolution, que de me remettre entre les mains de Dieu : Ie me mis à genoux, & le priay qu'apres m'auoir sauué par le moyen des oyseaux, que sa misericorde nous auoit enuoyez ; de m'auoir preserué du danger de l'eau, du feu, de la faim, de la soif, & des Sauuages, entre les mains de qui j'estois tombé ; sa bonté paternelle voulut encore s'estendre jusques à me tirer du danger où j'estois, & de m'ouurir les yeux de l'entendement pour trouuer le chemin de nostre pays. Ie le priois du fonds du cœur ; Seigneur, monstre-moy le chemin, & conduits-moy ; & si tu ne juge pas à propos que ie doiue arriuer en ma patrie, permets au moins que quelqu'vn de nostre troupe se puisse sauuer, afin qu'on sçache ce qui s'est passé dans nostre Vaisseau. Ayant ainsi parlé auec Dieu, ie me leuay pour m'en aller ; & comme ie jettois les yeux de tous costez, le Ciel estant deuenu serain, ie découuris des montagnes de couleur bleuë ; ce que j'auois entendu dire autrefois à Guillaume Scoten me reuint dans l'esprit. Il auoit remarqué en deux ou trois voyages qu'il auoit faits aux Indes, que vers la pointe de l'Isle de Iaua, il y auoit deux hautes montagnes de couleur bleuë. Ie voyois ces montagnes sur ma main droite ; nous estions venus le long de la coste de Sumatra qui estoit à la gauche, & au milieu ie voyois vne ouuerture de mer, au delà de laquelle ie ne voyois aucune terre. Ie sçauois d'ailleurs que le détroit de Sunda est entre l'Isle de Iaua, & celle de Sumatra ; cela fit que ie m'imaginay que nous n'estions pas éloignez de nostre chemin. Ie descendis de la montagne tout plain de joye, & de cette esperance, j'allay trouuer nostre Marchand, & luy dis que j'auois veu ces deux montagnes. Les nuages cependant auoient de nouueau obscurcy le Ciel ; de sorte qu'on ne les pouuoit plus voir. Ie contay aussi au Marchand ce que j'auois ouy dire à Guillaume Schouten, & la conjecture que ie faisois sur son rapport, qui estoit que nous estions deuant le détroit de Sunda. Le Marchand dit ; He bien, nostre Maître, puisque vous estes de cét aduis, rassemblons nos gens, & prenons nostre route de ce costé-là ; car vostre coniecture me semble aussi auoir beaucoup de fondement. Nous raliâmes donc nos gens, qui nous apporterent de l'eau dans les cannes Bambus.

Nous trouuâmes le vent fauorable, & cinglâmes droit à l'ouuerture, qui est entre les deux montagnes ; vers la minuit, nous vismes de loin du feu ; nous creûmes d'abord, que ce fut quelque Vaisseau. Nous changeâmes nostre route pour en approcher ; mais estans proche, nous trouuâmes que c'estoit vne petite Isle, qui est dans le détroit de Sunda nommée Duars-Inde-Vvegh. Nous passâmes cette Isle ; & quelque-temps apres, nous vismes vn autre feu de l'autre costé ; ie creus que c'estoit des pescheurs. Le matin le temps fut calme ; nous estions proche de la coste interieure de l'Isle de Iaua : nous fismes monter vn homme au haut du Mast pour découurir de plus loin. Il se mit à crier, qu'il voyoit des Vaisseaux qui estoiẽt à l'Ancre, & qu'il en comptoit jusques à vingt-trois. Ces paroles nous firent tresfaillir de joye : nous nous mismes tous à ramer vers eux ; car comme ie vous ay dit, le temps estoit calme ; si nous n'eussions point trouué ces Vaisseaux, nous eussions sans doute esté vers Bantam, où nous eussions pris terre. Et comme les peuples de ces pays-là estoient en guerre auec nos gens, ce fut vne grande grace que Dieu nous fit de nous en détourner. Tous ces Vaisseaux que nous auions découuerts estoient Hollandois, Frederic Hout-man d'Alckmaer les commandoit : lors que nous les découurîmes, il estoit dans la gallerie de son Vaisseau auec vne lunette d'approche, ne pouuant assez admirer la façon extraordinaire de nos voiles, ny s'imaginer dequoy elles estoient faites. Il enuoya sa Chaloupe, qui nous vint à la rencontre, pour sçauoir qui nous estions. Comme nous fûmes proche les vns des autres, nous nous connûmes d'abord ; car nous estions sortis ensemble du Tessel, & ne nous estions point separez que dans la mer d'Espagne. Ie passay auec le Marchand dans leur Chaloupe, qui nous porta au Vaisseau du Commandant. Il nous cria de loin que nous fussions les bien-venus ; il nous fit seoir à sa table, & manger auec luy. Comme ie vis apporter le pain & les autres viandes, ie sentis le cœur qui me battoit, & j'en pleuray de joye ; tellement que ie ne pouuois manger. Le reste de nos gens estant arriué en suite, on les partagea dans les autres Vaisseaux ; Hout-man fit mettre aussi-tost en ordre vn petit Vaisseau pour me porter auec le Marchand à Batauia : & apres luy auoir conté les accidens de nostre voyage, & le mal-heur qui nous estoit arriué ; nous nous mismes à la voile, & nous arriuâmes à la ville de Batauia. Les amis que nous auions rencontré sur les Vaisseaux, nous auoient donné des habits à l'Indienne ; si bien que nous estions habillez à la mode du pays, deuant que d'arriuer dans la Ville. Nous fûmes au Palais, où le General faisoit sa residence. Nous demandâmes à ses hallebardiers, si nous pouuions voir le General. Ils monterent en haut ; & estant retournez, ils nous firent entrer dans sa chambre. Il ne sçauoit rien de nôtre arriuée ; mais nous estant fait connoistre, il nous dit que nous estions les bien-venus. Il fallut l'entretenir de nostre voyage ; ie luy dis, Monsieur le General, nous sommes sortis du Tessel en tel temps, auec le Vaisseau nommé la nouuelle Hoorne, qui par mal-heur a esté brûlé & jetté en l'air par l'effort des poudres sous vne telle hauteur. Nous luy contâmes aussi en détail comment cét accident nous estoit arriué ; comment nous auions perdu nos gens, qui auoient esté emportez en l'air auec le Vaisseau ; & que par la grace de Dieu, ie m'estois sauué auec vn homme seulement.

Le General sur cela, dit, que c'estoit vn grand mal-heur. Il nous demanda plusieurs particularitez, & nous luy dîmes comme tout s'estoit passé. C'est vn grand mal-heur, ce dit-il pour la seconde fois. Enfin il dit, lacquais, qu'on m'apporte cette tasse d'or, qu'on l'emplisse de vin d'Espagne. Courage, Maistre, ie bois à vostre santé, vous deuez faire vostre compte, que vous auez desia vne fois perdu la vie, & que Dieu vous en a donné vne seconde. Demeurez icy, & mangez à ma table ; car j'ay dessein de partir cette nuict pour aller à Bantam establir quelque ordre dans l'Armée Naualle. Demeurez icy jusques à nouuel ordre, & jusques à mon retour. Il bût apres cela à la santé du Marchand ; nous parlâmes encore d'autres choses.

Nous l'attendîmes selon son ordre, & mangeâmes à sa table l'espace de huict iours. Apres cela, il nous manda de l'aller trouuer à Bantam, où nous le trouuâmes dans le Vaisseau nommé la Pucelle de Dort. Il m'appella le premier, & me dit ; Maistre Bontekoë, il faut que par prouision, & en attendant vn nouuel ordre, vous alliez sur le Vaisseau Bergerboot, pour y commander l'Equipage, comme vous auez fait dans l'autre. Ie luy dis ; ie vous remercie, Monsieur le General, de la grace que vous me faites. Deux ou trois iours apres, il fit venir le Marchand Rol, & luy dit ; Marchand, il faut que par prouision, & en attendant vn nouuel ordre, vous alliez sur le Vaisseau nommé le Bergerboot, & que vous preniez le soin des marchandises qui y sont, comme vous auez fait cy-deuant. Ainsi, nous nous trouuâmes ensemble auec le mesme commandement que nous auions sur le premier Vaisseau.

Ce Vaisseau qu'on nous donnoit, estoit court de quille, monté de trente-deux pieces de canon en vne ſeule batterie, mais elle auoit plus de cinq pieds de haut. Au commencement de l'année 1620. nous fûmes vers Ternate; noſtre Vaiſſeau eſtoit chargé de viures, de lard, de Rys, & de beaucoup de munitions de guerre, pour mettre dans les Forts de ces quartiers-là. Nous faiſions vne eſcadre de trois Vaiſſeaux. En paſſant, nous approchâmes de Greſſe. Vn Marchand de Riga nommé Vvolter Hudden, nous y regala de beaucoup de Vaches, de Poules, de Canards, de ſucre noir: le fourage & la nourriture pour les beſtes qu'on nous auoit données, eſtoit du Rys qui n'eſtoit point battu, & eſtoit encores en gerbes; ils l'appellent en ces pays là Paedie. Nous partîmes de Greſſe, & nous rangeâmes la coſte tout proche du détroit de Baly, pour gagner la hauteur de la terre de Soloor; car le Mouſſon eſtant deſia paſſé, nous eſperions que prenant cette route, nous ferions voile vers Amboin; & cõme nous eſtions au détroit de Soloor, le Marchand qui eſtoit dans noſtre Fort nous vint trouuer, & nous dit qu'il y auoit là proche vne petite place nommée Lantocken, qui eſtoit tenuë par des Pyrates de Soloor, qui apportoient vn grand empeſchement à noſtre trafic, & que c'eſtoit maintenant le vray temps pour les en dénicher, puis que nous nous rencontrions trois Vaiſſeaux de Flotte.

Ceux de Riga ont des Factoreries aux Indes.

Nous l'entreprîmes; nous y fûmes accompagnez du peuple du pays dans leur Corrakorren ou Vaiſſeaux, qui venoient auec nous pluſtoſt pour voir comment la choſe ſe paſſeroit, que pour nous y ayder. Nous aduançâmes ſous le Fort, & fiſmes grand feu ſur eux; ils nous répondirent de meſme. Dans ce temps-là, nous miſmes à terre noſtre monde à la faueur de noſtre mouſquetterie; ceux du Fort firent vne ſortie ſur nous, & mirent nos gens en fuïte: tellement que nous y perdîmes vingt-cinq hommes, auec vn plus grand nombre de bleſſez; cela nous obligea de partir ſans auoir rien fait. Nous fiſmes eau, & prîmes congé du Marchand, prenant noſtre courſe vers le Nord-Eſt, pour atteindre le haut de l'Iſle Batamboer. Nous en eûmes la veuë, & la laiſsâmes à noſtre main gauche, dreſſant noſtre route du Nord-Eſt au Nord, pour gagner les Iſles de Boere & Blau. Nous les laiſsâmes auſſi à main gauche, & cinglâmes vers l'Iſle d'Amboin; mais le grand temps nous empeſcha d'en approcher. Nous priſmes le deſſous de cette Iſle, pour paſſer entre deux autres petites Iſles qui ſont vis-à-vis l'vne de l'autre, & gagnâmes vne anſe nõmée Hiero, vis-à vis de Combello, où il y a beaucoup de clouds de girofle. On peut en fort peu de temps paſſer à cheual de Hiero à Amboin: Nous trouuâmes là trois Commandans, ſçauoir le Gouuerneur Hout-man d'Alckmaer, le Gouuerneur Lam, qui eſtoit de la ville d'Hoorn, & le Gouuerneur Speult. Lam faiſoit ſa reſidence à Maleyen, Speult à Amboin, & Hout-man eſtoit deſtiné pour paſſer auec nous à Baets-Ian, où nous arriuâmes; & en partîmes apres y auoir eſté quatre ou cinq iours. Le Marchand qui auoit la direction de ce Fort, en ſortit, à cauſe que ſon temps eſtoit expiré, & Rol noſtre Marchand fut mis en ſa place. Nous fûmes au Fort des Moluckes, pour les auitailler de viande, lard, Rys, vinaigre, & autres choſes neceſſaires à la vie, & touchâmes l'Iſle de Maleye, où Lam faiſoit ſa reſidence. Nous y demeurâmes trois ſemaines; & apres auoir pris congé de luy, nous retournâmes à Baets-Ian, où nous auions laiſsé Rol noſtre Marchand, comme ie viens de dire. Il nous donna bien deux cens tonneaux de clouds de girofle: nous prîmes congé l'vn de l'autre, tous deux les larmes aux yeux: cette ſeparation nous toucha fort, à cauſe de tant de dangers & de miſeres que nous auions ſoufferts enſemble, comme j'ay dit cy-deuant. Depuis ce temps-là ie ne l'ay point veu; mais j'ay appris que peu de temps apres noſtre départ, il eſtoit mort dans l'Iſle de Maleyen, & qu'il y eſtoit enterré. Ie prie Dieu qu'il faſſe miſericorde à ſon ame, & que ie le puiſſe reuoir en l'autre monde. Nous dreſſâmes noſtre courſe vers le détroit de Buton, & paſsâmes l'Iſle de Boggerones, pour ſortir des terres, & gagner Iaua-minor, & de là le long des terres, juſques à Greſſe. Le Gouuerneur Hout-man eſtoit dans noſtre Vaiſſeau. Eſtant à Greſſe, nous chargeâmes autant de Vaches & de Poules qu'il y en pût tenir. Il y auoit bien nonante teſtes de beſtail, & ſeize cens Poules, auec quelques

Oyes. Nous donnions à nos bestes au lieu de fourage, du Rys en herbe. On a en ce pays-là seize Poules pour vne piece de cinquante-huit sols. Nous prîmes congé du Marchand Gautier Hudden, faisant nostre course le long de Iaua, & passâmes proche de Iapara; mais nous ne nous y arrestâmes point, & arriuâmes heureusement à Batauia. Nous y parlâmes vne seconde fois au General Koen, & déchargeâmes là nostre Vaisseau; puis on m'enuoya à Ianbay, pour y aller querir vn autre Vaisseau qui estoit chargé de poivre. Nous moüillâmes en passant à Palimbam, & nous amenâmes vn Vaisseau chargé de poivre à Batauia. Le General m'enuoya apres à des Isles qui sont entre Bantan & Batauia, pour y aller querir des pierres qui se trouuent au fonds de la mer. Il me donna quarante Laskaris; ces Laskaris se plongent dans l'eau; ils lient les pierres auec des cordes, qu'on tire apres dans vn Batteau : ce sont de grosses pierres, qu'on taille en suite à Batauia, pour en reuestir le Fort que nous y auons : Cette pierre est extrémement blanche, plus blanche encore que la pierre dure de Hollande. Le Fort est quasi tout basty de ces pierres, depuis la superficie de l'eau de ses fossez jusques au cordon du Parapel, & fait vne fort belle perspectiue. Nous fismes trois voyages pour charger de ces pierres.

Le Vaisseau nommé Groeningen arriua en ce temps-là d'Hollande; & à cause que le Maistre & le Marchand de ce Vaisseau n'auoient pas pû s'accommoder ensemble, ils furent mis par ordre du General & du Conseil, sur le Vaisseau nommé le Berger Boot, & moy sur celuy de Groeningen, auec vn sous-Marchand nommé Iean Nicolas d'Amsterdam. Ie ne perdis point dans ce change; car dans le Vaisseau nommé le Berger Boot, il n'y auoit, comme on dit, ny à manger, ny à boire; & le Vaisseau Groeningen estoit nouuellemẽt venu des Pays-Bas, & ne manquoit de rien. Ie fus en suite cõmandé pour aller à Ianbay querir du poivre, & y porter quatre caisses plaines d'argent. Nous auions ordre de toucher à Palimbam en passant; ce que nous fismes. Nous y trouuâmes vn Marchãd d'Alckmaer nommé Hooghlandt : nous luy mîmes entre les mains vne caisse d'argent, & partîmes pour Ianbay. Il y auoit aussi vn Marchand de Delff nommé Abraham Vander Dussen, entre les mains duquel nous mismes vne autre caisse d'argent. Nous fûmes là quelque-temps à la rade; on nous apportoit la marchandise à bord sur de petits brigantins. Nous auions de plus nostre Batteau, auec lequel nous allions tous les iours querir du poivre, en remontant la riuiere.

Nostre Maistre Pilote s'estant mis vn iour dans la Chaloupe, pour aller visiter les amis qu'il auoit dans vn Vaisseau qui estoit à la rade; on luy fit si bonne chere, & il en reuint si yure, que s'estant couché & endormy sur le haut du Tillac, il roula enuelopé de ses couuertures dans la Mer, & se noya; ce qui nous affligea fort. Quand nous eûmes nostre charge, nous prîmes congé du Marchand Vander-Dussen, pour aller à Batauia. Nous déchargeâmes aussi-tost nostre Vaisseau, & nous fismes apres deux autres voyages, pour aller querir de la pierre aux Isles dont j'ay desia parlé. Apres l'auoir fait, nous retournâmes à Ianbay pour charger du poivre; nous retournâmes encore vne autrefois à Batauia, j'employay deux ans à ces voyages; tantost dans le Vaisseau du Berger Boot, tantost sur celuy de Groeningen.

I'eus ordre apres d'aller auec le mesme Vaisseau à la Chine, auec sept autres Vaisseaux de Flotte sous le commandement de Cornelis, pour nous rendre Maistres, si nous pouuions, de Macao, ou pour aller vers l'Isle du Piscador, & tâcher d'établir par toute sorte de moyens quelque commerce auec les Chinois; ce qui estoit estendu plus amplement dans l'instruction que le General nous auoit donnée. Il auoit écrit pour ce dessein en plusieurs lieux, que les Vaisseaux qui y estoient eussent à nous joindre, leur donnant pour rendez-vous les lieux par où nous deuions passer; & entre-autres à ceux qui estoient vers les Manilles sous le commandement de Vuillem Iansz, auec quelques Vaisseaux Anglois qui y attendoient l'occasion de faire quelque prise sur les Espagnols.

Ce que ce Commandant executa, & nous donna quelques-vns de ses Vaisseaux.

Le dixiéme Auril 1622. apres auoir esté quelque-temps deuant Batauia, nous fismes voile auec nos huict Vaisseaux : nous dressâmes nostre course pour passer le détroit de Balimbam.

L'onziéme, nous vismes la terre de Sumatra. Nous nous trouuâmes plus aduancez vers le Sud, que nous ne croyons : ce qui nous fit juger, que nous auions esté emportez par vn courant d'eau, qui sort du détroit de Sunda.

Le douze, treize, quatorze, & quinziéme, le temps & le vent furent inconstans, & nous passâmes l'Isle de Lucipara.

Le seiziéme & dix-septiéme, nous arriuâmes proche de celle de Banca.

Le dix-huitiéme, nous rencontrâmes le Vaisseau de la nouuelle Zelande, qui venoit du Iapon, auec deux brigantins Portugais, que nos Vaisseaux auoient pris deuant Malacca.

Depuis le dix-neufiéme jusques au vingt-cinquiéme, nous fismes fort peu de chemin, à cause que nous eûmes la plupart du temps le vent & la marée contraires.

Le vingt-neufiéme sur le midy, nous nous trouuâmes à la pointe Septentrionale du détroit de Balimbam. L'Isle Banca estoit Sud-Est de nous enuiron vn mille; nous courûmes au Nord, vers l'Isle Polepon.

Pole en Indien signifie Isle.

Le trentiéme, nous moüillâmes l'Ancre à la pointe Sud-Est de Polepon, à douze brasses, fonds de sable, la terre de la coste est fort haute.

Le premier May, nous moüillâmes au costé de l'Oüest de cette mesme Isle, à dix-neuf brasses fonds propre pour Ancrer, justement vis-à-vis la Baye de sable qui est du costé du Nord, il y a vn peu d'eau fraische dans vn fonds ou vallée au milieu d'vn bois. Depuis la pointe du Nord de l'Isle de Banca, jusques à cette Isle que ie viens de dire, le cours est Nord, & il y a dix-neuf milles de distance.

Le mesme iour, nous nous mîmes à la voile, & nous prîmes nostre cours Nord-Est, & Nord-Est au Nord pour passer au dessus, ou à l'Est de l'Isle Linga.

Le deuxiéme, nous courûmes douze milles Nord-Est au Nord. L'apresmidy, la pointe Orientale de l'Isle Linga nous estoit au Sud-Oüest vers Oüest, à quatre milles de distance. Cette terre paroist fort haute du costé du Nord, depuis le costé Occidental de Polepon, jusques au costé Oriental ; & à la pointe de Linga, les terres courent Nord Nord Est l'espace de neuf milles, tirant vers le Nord dix-huict, dix-neuf, & vingt brasses de fonds.

Le troisiéme, l'Isle Poële Paniang nous paroissoit à Oüest, & Oüest au Sud.

Le quatriéme, nous prîmes hauteur, & nous trouuâmes vn degré quarante-huict minutes du costé du Nord de la ligne. L'apresmidy, nous vismes l'Isle Laur, qui estoit Nord-Oüest de nous, à vn mille de distance selon nostre estime. La terre de cette Isle est haute ; elle nous paroissoit comme vne haute montagne, le fonds à trente-cinq brasses.

Le sixiéme, l'Isle Poële-Timon estoit à Oüest de nous, à la distance d'enuiron six milles. Nous prîmes nostre route Nord Nord-Est, pour gagner l'Isle Poële Candoor.

Le neufiéme, on ordonna que nous irions auec nos trois Vaisseaux vers l'Isle Poële Ceceer, celuy de Groenigen sur lequel j'estois, l'Ours Anglois, & le saint Nicolas.

Le dix-huict au matin, nous vîmes l'Isle Poële Candoor au Nord Nord-Est de nous, à la distance d'enuiron neuf milles. C'est vne terre fort haute, auec des petites Isles, qui sont pour la pluspart au costé du Sud-Est de la grande Isle. On trouue de l'eau au costé du Sud-Oüest. Depuis l'Isle Poële-Timon jusques à cette Isle, le cours est justement Nord Nord-Est, le fonds molasse à trente-cinq, quarante, cinquante, & soixante brasses, suiuant les Cartes : mais lors qu'on approche de Poële Candoor, on trouue trente, vingt-cinq, ou vingt brasses, fonds de sable ferme. Le soir nous courûmes autour de l'Isle, nous en tenans le plus prés que nous pûmes du costé d'Est, enuiron à vne grande demy-lieuë de l'Isle qui est à la pointe Orientale, le fonds est de dix-huict & vingt brasses : nous prîmes nótre cours vers le Nord-Est, le long de la coste de Champey.

Le vingt-vn au soir, nous voyons encore Poële-Candoor du haut de nostre grand Mast.

Le vingt-deuxiéme nous vismes la terre de Champey ; elle paroist de loin, comme si c'estoient des Isles qui fussent à sept ou huict milles de la terre.

Le vingt-quatriéme, nous reuîmes nos autres Vaisseaux. Nous estions sous la hauteur de dix degrez trente-cinq minutes, à vn mille & demy de la terre. La partie de cette terre qui est proche de la mer est basse, auec vn sable blanc ; mais celle qui en est plus éloignée est haute. Le long de cette terre jusques à trois milles en mer, il y a fonds de sable à dix-sept, seize, quinze, quatorze, & treize brasses. Le soir nous moüillâmes tous ensemble l'Ancre sur quinze brasses, vis-à-vis d'vne pointe qui est sous la hauteur de dix degrez & trois minutes. Ce Cap se nomme Cap de Ceceer : vers le Nord de ce Cap, il y a vn grand Golfe, où les Dunes s'auancent de part & d'autre, du costé de la mer. La terre qui paroist estre plus auant dans le pays est haute ; elle gist depuis cette pointe Nord-Est à l'Est.

Le vingt-cinquiéme, nous estions proche de la petite Isle qui est plaine de roches, nommée Poële Ceceer de Terre. Au Nord de cette terre, on voit vn goulfe qui semble vne riuiere C'est là que les Dunes dont il a esté parlé, commencent à diminuer, & où elles finissent ; & en suite on voit de hautes terres les vnes derriere les autres : la profondeur est de trente, quarante, & cinquante brasses.

Le vingt-sixiéme, nous moüillâmes l'Ancre à Malle-Bay, les Habitans l'appellent la Baye de Panderan. Nostre Maistre Pilote Abram Thiis nous quitta là, & passa sur le Vaisseau de saint Nicolas, qui estoit enuoyé aux Manilles ; pour voir s'il pourroit trouuer quelque Vaisseau de ceux de la Flotte de Guillaume Iansz. Il y a en cét endroit le long de la riue de grands arbres auec des maisons.

Le iour suiuant, nous nous mîmes à la voile auec nos Vaisseaux, pour trouuer vne autre Baye nommée Canberiin. A six milles au delà, nous trouuâmes du bois, de l'eau, & des rafraîchissemens en abondance. Nous en tirâmes dix-sept testes de bestail, & beaucoup de Poules : vn Porc s'estant échappé & enfuy vers les Sauuages, nous ne pûmes plus apres tirer aucuns rafraîchissemens d'eux.

Le quatriéme Iuin, ie fus trouuer auec mon Batteau le Vaisseau qui estoit de conserue auec nous, pour luy rendre compte de ce qui se passoit. Ie m'en retournay le 6. du mesme mois : nous reuîmes le Brigantin nommé le sainte Croix.

Le iour suiuant, nous nous mismes à la voile : nous joignîmes le Brigantin de Haen, qui auoit pris vn Ionque du Iapon : nous trouuâmes aussi nos autres Vaisseaux.

Le vingtiéme, nous vîmes diuerses Isles dans nostre chemin, & deux Voiles, justement dessous la coste. Sur le soir nous en approchâmes ; c'estoient des Vaisseaux qui alloient aux Mauilles, l'vn nommé l'Esperance, & l'autre le Taureau, Vaisseau Anglois : nous demeurâmes proche d'eux toute la nuict.

Le vingt-deuxiéme, nous nous trouuâmes deuant Macao : nous moüillâmes l'Ancre à quatre brasses fonds mol. Nous estions quinze Voiles de Flotte, tant Brigantins que Vaisseaux, dont il y en auoit deux Anglois. Nous fismes faire monstre à nos gens, en les faisant tourner à l'entour du Mast pour les compter, comme on fait dans les Vaisseaux de Guerre. Ils firent le mesme dans les autres Vaisseaux.

Le ving-troisiéme apres midy, nous moüillâmes auec nos trois Vaisseaux, à sçauoir celuy de Groeningen, le Galias, & l'Ours Anglois, à trois brasses de basse se marée, justement vis-à-vis de la Ville, en estans éloignez enuiron la portée d'vn canon. Nous tirâmes ce soir là cinq coups sur la Ville : la nuict nous aduançâmes auec le Vaisseau de Groeningen & le Galias, jusques à la portée du mousquet des murailles de la Ville, à trois brasses de fonds mol. On trouua à propos que j'irois auec le Marchand & vne partie de nostre monde à terre, pour surprendre la Ville, & l'emporter d'emblée ; mais cette resolution fut changée, pour ne pas oster en mesme temps le Maistre & le Marchand d'vn mesme Vaisseau. Il fut resolu que ie demeurerois dans le Vaisseau pour en auoir le soin, & que nostre Commandant passeroit à terre pour conduire cette entreprise.

Le matin vingt-quatriéme, lors que le iour commença à paroistre, nous tirâmes toute nostre bordée sur la Ville ; & quelque-temps apres, nostre Commandant alla mettre pied à terre, auec enuiron six cens hommes. Deux Brigantins rasoient la terre à l'endroit de la descente, pour fauoriser le Commandant en sa retraite en cas de besoin, & aussi pour seruir de deffenses aux Chaloupes & aux Batteaux qui deuoient porter nos gens à terre. Les Portugais auoient dressé vn rempart à l'endroit où se faisoit la descente : ils firent mine de l'empescher ; mais les nostres ne laissans pas d'auancer, ils s'enfuyrent sur vne éminence, où il y auoit vn cloistre. L'attaque de nostre costé se faisoit auec beaucoup de resolution : les Portugais faisoient quelquefois des sorties ; mais ils estoient tousiours repoussez auec perte, jusques à ce que le feu prit par mal-heur à nos barils de poudre : ce qui fit perdre courage à nos gens ; car ils sçauoient bien qu'on ne leur en pouuoit pas apporter si-tost des Vaisseaux. Ils se mirent en deuoir de faire leur retraite en bon ordre ; mais les Portugais aduertis de ce mal-heur, par le moyen de quelques deserteurs Iaponnois, qui auoient passé de leur costé, vinrent fondre sur les nostres, lesquels faute de poudre ne pûrent faire de resistance. Ils en tuerent beaucoup ; le reste se retira auec confusion dans les Batteaux, & tâcherent de gagner les Vaisseaux. Nous trouuâmes que nous y auions bien perdu cent trente hommes, & autant de blessez, entre-autres le Commandant, qui à la premiere descente auoit esté blessé au ventre ; mais il en guerit par la grace de Dieu. Nos gens estans retournez dans les Vaisseaux, nous fismes voile, & nous nous éloignâmes de la Ville de la distance d'enuiron vn mille. Nous fismes eau à vne Isle qui est au Sud de Macao, & nous reprîmes nostre Maistre Pilote qui estoit tombé du Vaisseau dans la mer.

Le vingt-septiéme, les Vaisseaux Anglois partirent pour le Iapon, auec le Vaisseau nommé le Trou ; le Vaisseau nommé l'Esperance se joignit à nostre Flotte.

Le vingt-huitiéme, le Vaisseau nommé l'Ours, & celuy de sainte Croix, firent voile vers l'Isle de Lemon, & au de là vers les costes de la Chine.

Le vingt-neufiéme, nous partîmes tous pour aller à l'Isle de Piscador, à l'exception du Vaisseau nommé l'Esperance, du Brigantin nommé saint Nicolas, & de l'autre petit Brigantin nommé Palicatten, qui deuoient demeurer là jusques à la fin du mois d'Aoust, pour y attendre nos Vaisseaux, qui pourroient venir de Malacca.

Le trentiéme, nous passâmes Idelemo, autrement les Oreilles de Liéure. Nous courûmes vers l'Est, & est au Sud pour gagner l'Isle de pierre Blanche. Elle paroist de loin comme vn grand Vaisseau, ou Caraque.

Le quatriéme Iuillet, nous voyons du haut de nos Hunes celles des Isles Piscador, qui est la plus auancée vers le Sud-Oüest.

Le sixiéme, le Vaisseau nommé l'Ours nous vint retrouuer apres auoir couru la coste de la Chine : nous fismes voile ensemble à l'entour des Isles.

Le dixiéme, nous moüillâmes l'Ancre prés d'vne Isle qui paroissoit comme vne table, c'est vne des plus hautes Isles de Piscador. Nous visines entre ces Isles quelques pescheurs Chinois ; mais ils s'enfuyrent, & le iour suiuant nous leuâmes l'Ancre, & entrâmes dans vne Baye bien seure à huict ou neuf brasses fonds d'ancrage. Cette terre est platte, son terroir pierreux; elle n'a point de gros bois, mais beaucoup d'herbes & de l'eau fraîche qu'on tire des puits; elle sent pourtant la marine quand il a esté quelque-temps sans pleuuoir : on trouue de l'eau au bout des deux anses, où les Vaisseaux ont coûtume de se mettre : on n'y trouue point d'autres rafraîchissemens, il les y faut porter d'ailleurs.

Et comme on nous auoit donné ordre de garder cette place, & d'en faire nostre rendez-vous, nous nous postâmes sur la pointe de l'Isle Formosa, où les Chinois trafiquent dans vn Havre, qu'ils nomment Tayouuan. Nous tirâmes de là quelques rafraîchissemens, auec nos Brigantins. Ce Havre est à treize milles de Piscador; on ne trouue qu'onze pieds d'eau à son entrée, qui va fort en serpentant; tellement qu'on n'y peut pas entrer auec de grands Vaisseaux.

Le dix-neufiéme, nous nous mismes à la voile auec le Vaisseau Groeningen, & l'Ours, pour passer vers la coste de la Chine; nous rencontrâmes le Brigantin sainte Croix. Le iour suiuant, dans le Vaisseau de l'Ours se rompit la trauerse du trinquet; ce qui nous obligea de porter moins de Voiles pour aller de conserue.

Le vingt-vniéme, nous vismes la terre ferme de la Chine : Nous nous trouuâmes deuant la fameuse riuiere de Chincheo; cette riuiere est facile à connoistre, comme dit Linschot : du costé du Nord-Est, il y a deux terres, dont l'vne ressemble au pillier d'vne Eglise : du costé du Sud-Oüest, la terre est basse, auec de petites colines de sable. Vn peu au dedans de la pointe du Sud-Oüest, on void vne tour, ou au moins quelque chose qui ressemble vne tour. Nostre dessein estoit de courir du costé du Sud-Oüest, sous vne petite Isle qui est ronde; mais à cause que le Vaisseau l'Ours auroit couru risque en s'approchant si prés de la coste, en l'estat où il se trouuoit, n'ayant point encore raccommodé sa grande vergue, nous fûmes obligez par cette raison de nous en éloigner, & de prendre la largue vers la mer. Il s'éleua ce jour-là vn grand vent, qui nous fit perdre vne de nos voiles. Nous nous soustinsmes le mieux qu'il nous fût possible, & ne laissâmes pas d'estre emportez bien loin vers le Nord.

Le vingt-cinquiéme, estans sous la hauteur de vingt-sept degrez neuf minutes, nous vismes vne terre fort entrecouppée, que nous creûmes estre l'Isle de Lanquin : nous le jugions ainsi sur la description de Linschot, & par la Carte que nous auions : nous y moüillâmes l'Ancre à quinze brasses, & y vismes plusieurs pescheurs Chinois qui ne s'éloignoient point de plus de trois, quatre, cinq & six milles de la terre : nous fismes aussi-tost tout ce que nous pûmes pour gagner vers le Sud; mais nous estions emportez du costé du Nord : ce qui fait voir qu'il y a là vn fort courant d'eau.

Le vingt-septiéme, vn pescheur nous vendit du poisson sec.

Fautes des Cartes Geographiques, & de Nauigation.

Le neufiéme Aoust, nous nous trouuâmes proche des Isles de la Chine, qui sont en grand nombre : nous moüillâmes à quinze brasses, selon nostre Carte & la hauteur que nous auions prise. Nous deuions voir le Cap de Somber; mais nous ne découurîmes point de terre, & nous jugeâmes par là que ce Cap deuoit estre plus vers le Nord, que les Cartes ne le mettent.

L'onziéme nous leuâmes l'Ancre, & nous courûmes vers l'Isle de Lanquin, qui est sous la hauteur de vingt-huict degrez & demy de Latitude Septentrionale : elle a du costé du Nord vne rade qui est assez bonne : nous l'auions reconnuë en cherchant des rafraîchissemens; nous y en trouuâmes fort peu; il y auoit seulemẽt vn peu d'eau douce. Cõme nous y estions, quelques Chinois vinrent à nostre bord auec leur Scampan, & donnerent à chacun de nos Vaisseaux cinq corbeilles plaines de sucre blanc : c'estoient à ce que nous en pûmes juger, des Pirates Chinois, qui pirattoient mesme sur leur compatriotes. Le iour suiuant, nous fismes prouision d'eau, & nous nous mismes à la voile, mais nous aduancions fort peu.

Le dix-huitiéme, nous moüillâmes l'Ancre au costé de l'Oüest de la mesme Isle, & en vne meilleure rade que n'estoit la premiere; c'estoit vn Havre où nous estions à couuert quasi de tous vents. Il seruoit de retraite à ces pirates, dont ie viens de parler. Tous les iours ils nous apportoient quelques rafraîchissemens qu'ils sçauoient bien trouuer ailleurs que dans cette Isle; mais c'estoit vn petit secours pour vn aussi grand nombre d'hommes que nous estions. Ils s'offrirent de suiure nostre Estendard, si nous voulions faire voile auec eux le long de la coste de la terre ferme, & nous asseuroient qu'ils nous y feroiēt trouuer des rafraîchissemens en abondance, & que nous ne manquerions point de places pour mettre pied à terre; mais nous ne crûmes pas à propos de receuoir cette offre. Ils mettoient diuers pauillons sur leurs petits Vaisseaux, comme s'ils eussent esté Sujets de Princes estrangers; pour piller ainsi ceux mesmes de leur pays. Nous nous remîmes à la voile, pour nous rejoindre à nos autres Vaisseaux qui estoient vers l'Isle de Piscador: nous y arriuâmes le vingt-deuxiéme de Septembre, auec vn temps fort inconstant: nos gens estoient occupez à y faire vn Fort, nous y trouuâmes deux Gallions & vn petit Vaisseau qui estoient venus de Batauia pendant nostre absence; à sçauoir, le Gallion du Lion d'or, le Samplon, & le Brigantin Sinckepure.

Le iour suiuant, il y vint deux Brigantins de la coste de la Chine: ils en auoient laissé vn troisiéme derriere eux qui se perdit sur cette mesme coste; mais on en auoit sauué le monde & le canon: en quoy les Chinois les auoient fort aydez. Ces Brigantins auoient esté commandez pour establir le commerce auec ceux de la Chine, & les Chinois les auoient renuoyez auec de grandes esperances, & auoient promis de dépescher vn Ambassadeur aux Isles de Piscador pour traiter de plus prés. Ce qu'ils firent; les Ambassadeurs vinrent auec quatre petits Vaisseaux qu'ils appellent des Ioncques; & traiterent du commerce auec nostre Commandant & le Conseil des Indes: mais on n'y auança rien; car ils ne tenoient aucune des paroles qu'ils nous donnoient, ne cherchant dans ce traité qu'à nous faire sortir des Isles de Piscador; ce qui estoit directement contraire à l'ordre que nôtre General nous auoit donné.

Le dixiéme Octobre, le Vaisseau du Lion d'or se mit à la voile pour aller à Iamby.

Le dix-huitiéme, nous fûmes commandez auec deux Gallions & cinq petits Vaisseaux, pour aller à la riuiere de Chincheo à la coste de la Chine, pour voir si nous les pourrions obliger à traiter auec nous par la crainte de nos forces & de nos armes; mais nous descendîmes dix milles plus bas qu'il ne falloit. Trois de nos Vaisseaux s'estoient separez de nous, il nous en restoit encore cinq. Nous entrâmes dans vne Baye, & nous brûlâmes soixante & dix Ioncques, tant grands que petits. Il faut que ie rapporte icy vne chose qui merite d'estre sçeuë. Partie de nostre Equipage auoit esté commandée pour amener à nostre bord deux petits Ioncques ou Vaisseaux Chinois, le vent les empeschant d'en pouuoir venir à bout. Ils moüillerent l'Ancre, ayans auec eux le Batteau de nostre Nauire & l'Esquif. Ils perdirent la nuict leurs Ancres, & le vent emporta vn de ces Ioncques, dans lequel il y auoit vingt-trois de nos Matelots & deux Chinois. Le Brigantin Fictoria s'estoit approché d'eux pour les secourir: ce qu'il ne pût faire, à cause du mauuais temps & de l'obscurité de la nuict. Ceux de nos gens qui estoient dans l'autre Ioncque, sauterent dans leur Batteau, & mirent le feu au Ioncque qu'ils deuoient amener; mais comme ils ne se pouuoient seruir que difficilement de la voile, ils resolurent de moüiller l'Ancre. Deux heures aprés, leur cable se rompit, & furent jettez de nuit sur la coste auec grand danger de s'y perdre; leurs mesches estoient esteintes, & dauantage les peuples de cette coste leur estoient ennemis, & eux en trop petit nombre pour leur resister, n'estans en tout que quatre hommes & deux mousses. Ils attendirent auec beaucoup d'inquietude qu'il fit iour: les Chinois vinrent à eux; ils prirent leurs armes, & se mirent à faire du bruit, comme s'ils eussent eu la resolution de leur aller au deuant. Les Chinois qui ne pouuoient pas connoistre leur foiblesse dans l'obscurité de la nuict, s'en retournerent, & les nostres qui mouroient de peur leur en firent beaucoup. Ce leur fut vne marque asseurée de la protection de Dieu; & le iour estant venu, ils se resolurent d'abandonner leur Batteau, à cause qu'il s'estoit échoüé en vn lieu d'où il estoit difficile de le tirer pour le mettre en mer, & crûrent qu'il leur seroit plus facile de passer par terre le mousquet sur l'épaule & l'épée au costé, jusques à la riuiere de Sammitiu, où il y auoit deux de nos Brigantins. Pour ce qui est des vingt-trois Matelots qui auoient esté emportez dans l'autre Ioncque, furent pris prisonniers.

Ces quatre Matelots que ie viens de dire, & qui auoiẽt pris resolution d'aller par terre, n'entendoient point la langue du pays, & ne voyoient point de Ioncques, ny aucune marque qui leur pût enseigner le chemin qu'ils auoient à faire, pour gagner nos Brigantins. Ils furent apperceus par des Chinois, qui détacherent deux hommes pour leur parler; mais nos gens qui estoient tousiours sur leur garde, leur presenterent la bouche de leurs mousquets, firent mines de vouloir tirer sur eux, & s'ouurirent ainsi le passage. Ils trouuerent en chemin vne petite maison, où il y auoit vn homme & vne femme: ils y entrerent, y allumerent leurs mesches, & les nettoyerent; car en prenant terre, elles s'estoient moüillées. Ils trouuerent à manger dans cette maison; l'homme qui y estoit leur donna du Rys: & apres auoir remercié leurs hostes, ils continuerent leur chemin en diligence. Ils virent le long de la coste les corps de six ou sept Chinois qui estoient exposez aux chiens & aux oyseaux: ils auoient esté tuez par les nostres, & il estoit aysé à nos quatre hommes de juger le traitement qu'on leur eût fait s'ils eussent esté pris. Voyans qu'il n'y auoit point de quartier à esperer, ils resolurent de se deffendre jusques à l'extremité. Ils furent découuerts en suite par vn gros de Chinois, qui estoit bien de deux cens hommes; ces gens se mirent à fuyr aussi-tost qu'ils les eurent apperceus. L'apresdînée, ils vinrent prés de nos Brigantins, & tirerent auec leurs mousquets, pour faire entendre qu'ils estoient là, & que ceux des Brigantins les vinssent prendre. Sept ou huit cens Chinois vinrent au bruit de cette mousquetterie, armez de cousteaux & de picques: les nostres leur tirerent quelques coups, ne croyant pas en deuoir attendre autre chose que la mort: mais les Chinois estõnez de leur resolution de mourir les armes à la main, se retirerẽt: il en demeura pourtant quelques-vns de cette troupe, qui s'arresterent à quelque distance de nos gens, & se mirent à leur jetter des pierres. Il paroissoit bien qu'ils n'auoient iamais entendu tirer d'armes à feu; car ils en auoient grand' peur. Enfin, ils parlerent à nos gens, leur offrirent la paix, & les menerent dans vn village: ils y trouuerent quelque deux mille Chinois qui les regardoient auec estonnement, & sembloient n'auoir iamais veu d'Hollandois. Ils menerent nos gens à leur Temple, leur donnerent à boire & à manger, & vn peu de tabac: nos quatre Hollandois ne se separoient point l'vn de l'autre, & tenoient tousiours leurs armes en estat, apprehendans la surprise. Toute leur mesche estoit brûlée; ils déchirerent leurs chemises, & en accommoderent les morceaux en forme de mesche, le mieux qu'ils pûrent. Ils sortirent du village, & remercierent leurs hostes de l'honnesteté auec laquelle ils les auoient receus, fort aises d'en estre échapez si heureusement, & de voir que personne ne les suiuoit; car à peine leur restoit-il assez de poudre pour tirer quatre coups. Comme ils furent vers la coste, ils trouuerent vn petit Batteau Chinois, qu'ils détacherent pour se mettre en mer, mais il estoit tellement rompu, qu'il coula à fonds. Ils se sauuerent à nâge, & entrerent dans la maison d'vn pescheur pour y passer la nuict. Ils entendirent pendant la nuict, le bruit d'vn party de Chinois qui estoit proche de la maison: le matin ils firent des radeaux le mieux qu'ils pûrent, & passerent par ce moyen jusques au Brigantin, qui se mit aussi-tost à la voile: S'ils eussent tardé vn peu dauantage, ils eussent esté obligez de demeurer dans le pays. Ces accidens font assez voir qu'vn homme peut reuenir de bien loin, quand il est assisté de la protection de Dieu ; car sans vn grand miracle, quatre hommes n'auroient pas pû se sauuer d'entre les mains de tout vn Peuple ennemy.

Le deuxiéme Nouembre, le Brigantin nommé saint Nicolas, passa proche du lieu où leur Batteau estoit demeuré, trouuerent que les Chinois en auoient osté la Voile, le Mast, les cordages, le fer qui est au bout, & deux pierriers: Ils le mirent en mer ; & s'en estans seruis pour aller à terre, ils en rapporterent dix Cabrits, & trois ou quatre Pourceaux, & reuinrent ainsi auec le Batteau à nostre bord.

Le quatriéme, le Batteau du Vaisseau nommé l'Ours, prît deux Ioncques & vingt-cinq hommes dedans : on mit le feu aux Ioncques, & les gens qu'on auoit trouué dedans furent mis sur le Brigantin de saint Nicolas.

Le neufiéme, nostre Maistre Pilote mourut en mer ; nous l'enterrâmes dedans vne Isle qui est sous la hauteur de vingt-trois degrez. Le mesme iour, le Batteau du Vaisseau nommé l'Ours, donna la chasse à plusieurs Ioncques ; mais il s'éleua vne si forte tempeste, que la mer l'emporta, auec dix-huict hommes qui estoient dedans, & entre-eux vn de nos meilleurs hommes; ce qui nous affligea beaucoup. On enuoya le Brigantin Victoria pour les chercher ; mais ils n'en apprirent point de nouuelles : tellement qu'estans à l'Ancre en ce lieu, nous fismes perte sur nos deux Vaisseaux de quarante de nos meilleurs hommes ; ce qui nous affligeoit extrémement.

Le vingt-cinquiéme, nous vinsmes deuant la riuiere de Chincheo, & nous mîmes sous l'Isle proche d'vn village que les Habitans abandonnerent. Nous y trouuâmes quarante testes de bestail, entre lesquelles il y auoit des Pourceaux : nous eusmes aussi des Poulles ; ce qui vint fort à propos pour nos gens, parmy lesquels la maladie auoit commencé à se mettre ; vn semblable rafraîchissement ayant beaucoup seruy à leur guerison, on commanda trois Brigantins pour entrer dans la riuiere. Ils mirent leurs gens à terre proche d'vn village qu'ils prirent, & escarmoucherent brauement auec les Chinois. Ceux du pays, apres auoir ainsi mesuré leurs forces, attacherent ensemble neuf Ioncques, y mirent le feu, & les laisserent descendre sur nos Vaisseaux, esperans par ce moyen y mettre le feu ; mais la chose ne leur reüssit pas.

Le vingt-huitiéme nous approchâmes d'eux, auec deux Vaisseaux ; nous tirâmes nostre grosse Artillerie vers vn endroit, d'où ils auoient tiré auec sept pieces de fonte sur nos Brigantins : cinquante de nos Soldats qu'on auoit mis à terre, firent teste auec beaucoup de resolution, quoy qu'ils eussent affaire à plusieurs milliers d'hommes : leur Artillerie & les nostres retournerent à bord, apres auoir brûlé quatre de leurs Ioncques qui estoient deuant le village.

Le vingt-neufiéme, vn Chinois passa vers nous ; mais il nous parut estre à demy fol. Nous leuâmes l'Ancre, & tirâmes en passant sur vne Ville ; & ceux de la Ville nous répondirent auec des pieces de fonte : Nous receûmes quelques coups dans nostre Vaisseau ; nous brûlâmes vn Ioncque : Le Vaisseau nommé l'Ours auec vn Brigantin, couroit de l'autre costé de l'Isle, où ils virent deux gros villages & deux grands Ioncques qui s'y estoient arrestez. En passant, nous resolûmes d'attaquer ces deux villages ; ce que nous entreprîmes le trentiéme du mesme mois, auec soixante & dix mousquetaires. Nous trouuâmes que les Habitans abandonnoient leurs villages, & se retiroient dans le Fort qui en estoit proche, jusques où nous les suiuîmes. Ils firent deux sorties auec des cris si horribles, qu'il sembloit que le monde allât s'abîmer. Ils vinrent hardiment à nous ; nous les attendîmes de pied ferme, nous nous mélâmes auec eux l'épée à la main ; ils tinrent ferme quelque temps, jusques à ce que nos mousquetaires eurent fait feu sur eux, & en eussent tué quelques-vns ; car alors ils lâcherent le pied, & tâcherent de gagner leur Fort jusques où nous les menâmes tousiours battans : ils y perdirẽt la meilleure partie de leurs gens, des nostres nous ne trouuâmes à dire que le Barbier du Vaisseau nõmé l'Ours; nous n'auõs iamais pû sçauoir s'il auoit esté tué, ou s'il auoit esté pris prisonnier: nous mîmes le feu à leurs Ioncques & au Village, & nous retournâmes le soir au bord auec vn bon butin, de Porcs, de Cabrits, de Poulles, & beaucoup de meubles : Nous tuâmes ces bestes la nuit, afin d'en manger le iour suiuant, & reprendre nos forces abbatuës par le trauail & la fatigue de cette entreprise.

Le deuxiéme de Decembre, nous retournâmes à terre; nous pillâmes vn autre Village, & nous y mismes le feu. On y trouua dans vn magazin vingt balles de soye, & on les porta auec d'autre butin à bord.

Le iour suiuant, nous fismes voile pour gagner vne autre Isle, où il y auoit vne tour; nous n'y trouuâmes personne. Nous moüillâmes à cinq brasses & demie, la marée estant haute : comme elle fut basse, nous nous trouuâmes à sec; ce qui nous fit juger que les marées de ces costes sont grandes. La mesme nuict, comme la mer montoit, les Chinois nous enuoyerent deux Ioncques où ils auoient mis le feu, & les laisserent aller sur le Vaisseau nommé l'Ours, qui auoit moüillé au dessus de nous. Il sembloit qu'vn des deux deût tomber sur la prouë de nostre Vaisseau, nous en estions en grand' peine : les regardans venir de dessus le Tillac, chacun en disoit son aduis. Pour moy, ie les asseurois qu'il ne nous feroit point de mal : le Marchand Nieuvven Roode qui estoit proche de moy, me disoit; Maître, coupons le cable. Ie luy dis que c'estoit vn fort mauuais party, & qu'estant proche de la coste, nous y perdrions nostre Vaisseau, qu'au contraire nous ne receurions aucun dommage du Ioncque. Comme il fut tout proche de nous, ceux qui estoiēt persuadez cōme le Marchand qu'il ne manqueroit point de nous brûler, crioient coupe la corde, coupe la corde. Ie criois au contraire; Gardez-vous bien de la couper; car si vous la coupez, le Vaisseau est perdu, ne faites pas cette faute. Quand le Marchand vid que les Matelots qui auoient desia commencé à hacher la corde, cessoient de la couper, & m'obeyssoient, il crût que le Ioncque estoit desia attaché à nostre bord, & me dit; Maistre, ce sera vostre faute, & vous en répondrez : cela me fit peur, & les Mariniers qui s'en apperceurent, vouloient couper la corde. Ie ne laissay pas de leur crier; il ne nous touchera point, ne coupez pas la corde. Ce qui arriua en effet; car il passa sans nous faire autre mal, que de brûler vn petit Batteau qui estoit attaché derriere nostre Vaisseau; car ie tournay le gouuernail d'vn bord à l'autre, & ie fis faire vn tour entier au Vaisseau, qui éuita ainsi la rencontre du Brûlot; & ce fut apres Dieu la cause de nostre salut.

Le quatriéme du mesme mois, nous leuâmes l'Ancre, & nous fismes voile vers l'Isle qui est à l'emboucheure de la riuiere d'où nous auions remporté quarante testes de bestail, comme ie viens de dire; nous y prîmes de l'eau, & nous en partîmes le septiéme du mesme mois pour aller vers l'Isle de Piscador : le vent estoit si grand, que nous ne pouuions porter de voiles, & ainsi nous ne pûmes entrer dans l'emboucheure. Nous moüillâmes sous l'Isle la plus proche, à quinze brasses de fonds, qui est à l'Oüest de l'emboucheure de la riuiere.

Le neufiéme, nous perdîmes nostre Ancre, & nous en jettâmes vne autre : le cable apres auoir tenu quatre heures rompit aussi : nous fûmes emportez par la tempeste vers le Nord-Est & le Nord Nord-Est.

Le dixiéme, nostre Vaisseau se trouua si plein d'eau, qu'on auoit assez à faire à la tirer auec deux pompes. Il y auoit bien sept pieds d'eau dans le Vaisseau, la pompe de derriere estoit salle, & ne pouuoit seruir; car il y auoit dans la chambre sur le derriere du Vaisseau de la paille ou gerbes de Rys, les grains du Rys entroient par vn trou dans la pompe, & l'auoient presque renduë inutile : nous fusmes obligez de jetter le Rys hors le bord; car nous apprehendions qu'il ne bouchât tout à fait les conduits par lesquels l'eau entroit dans la pompe.

Le treiziéme & quatorziéme, le temps se trouua propre pour faire nostre voyage : nous nous trouuâmes justement sous la coste de la Chine, & approchâmes du Vaisseau nommé Haerlem, dont mon frere estoit maistre : il auoit aussi tâché d'aller à l'Isle de Piscador; mais la tempeste l'en auoit empesché. Il venoit du Iapon; nous nous tinsmes compagnie quatre iours, & fusmes enfin obligez d'aller chercher vne rade le long de la coste de la Chine; car nous auions esté emportez plus bas que nous ne voulions.

Le vingtiéme, le Vaisseau Haerlem prît sept petits Batteaux Chinois, auec trois Ioncques & trente-six hommes dedans: ils estoient chargez de sel, de poisson sallé, & autres marchandises. Le mesme iour, on trouua à propos de prendre dans nostre Vaisseau les marchandises que le Vaisseau d'Haerlem auoit apportées du Iapon; car ce Vaisseau estoit foible, & en tel estat, qu'il ne pouuoit pas durer long-temps sans estre radoubé, au lieu que le nostre estoit encore bon. Nous fismes donc place dans le nostre, & nous commençâmes le iour suiuant à charger. Deux Chinois vinrent de terre dans vn petit Batteau au Gallion d'Haerlem, & y apporterent bon nombre de Pommes, de Poules, & de Pourceaux: ceux du Vaisseau leur rendirent en recompense leur Ioncque; on fit prouision d'eau.

Le premier Ianuier, il fut troué à propos que le maistre Pilote Iean Gerritsz de Naeyer pasfât auec enuiron six personnes du Gallion de Haerlem dans le nôtre, & nostre second Pilote nommé Geleyn Cornelissz passât auec quelques autres dans le Vaisseau Haerlem pour aller à Batauia, & de là en Hollande. Les Marchands estoient ce jour-là occupez à écrire des lettres, les vns à Batauia, les autres aux Isles de Piscador: nous mismes aussi quarante-huit Chinois sur le Gallion d'Haerlem, qui partit le quatriéme pour aller à Batauia. La nuit les Chinois reprirent vn de leurs Ioncques, qui estoit tout proche de nostre Vaisseau; & quoy que nous tirassions dessus, ils ne laisserent pas de passer outre; car nous n'auions point de Chaloupe pour courir apres.

Le cinquiéme, quelques Chinois vinrent pescher proche de nous; nous connûmes par là qu'ils estoient aduertis que nous n'auions point de Chaloupe: les Charpentiers trauailloient tous les iours pour en faire vne; nous auions eu du Gallion d'Haerlem vne voile à demy vsée; nous nous en seruîmes pour r'accommoder celles de nostre Batteau & de nostre Vaisseau; nous faisions bonne garde la nuict, de crainte des Brûlots que les Chinois nous auroient pû attacher.

Le septiéme, nous mismes à la voile pour nous mettre en mer; mais le vent estant contraire, nous fusmes obligez de relâcher, & de nous remettre en nostre ancienne rade: nous prîmes estant à la voile vn Ioncque, dans lequel nous trouuâmes trois cables & d'autres cordages; apres les auoir ostez, nous y mismes le feu, les Mariniers s'en estoient enfuys; ces cordages nous vinrent fort à propos.

Le neufiéme & dixiéme, nous trouuâmes que la voile de nostre Esquif, son Mast, & ses autres apprests, estoient en bon estat: nous ne laissâmes pas de demeurer à l'Ancre, à cause que le vent n'estoit pas propre.

L'onziéme, nous vismes sur le soir deux Ioncques sur la coste: le Marchand vouloit qu'on leur donnât la chasse; mais ie crû qu'il n'estoit pas à propos, à cause qu'il estoit tard, que le temps estoit mauuais, & qu'il y auoit apparence qu'il deuiendroit encore plus rude; car le Ciel estoit couuert de tous costez. Ie dis aussi qu'il ne falloit pas hazarder si aysément son monde: ces raisons les arresterent; & en effet, il fit si grand vent la nuict, que nous eûmes sujet de nous réjouyr de ce que le Batteau estoit demeuré dans nostre bord. Le matin du iour suiuant, nous fusmes apres vn Ioncque qui louioit sur la Baye; mais auant que de le pouuoir joindre, quatre Ioncques armez en guerre vinrent à son secours, & firent grand feu sur nous. Ils estoient tout proche de la terre, & nous vismes sur la riue enuiron mille hommes en armes; ce qui nous obligea de le quitter, & de retourner à nostre bord.

La nuict du quatorziéme à la premiere garde, ie donnay la chasse auec le Batteau, à vn autre Voile. Ils se mirent en estat de se deffendre, tirerent l'espace de deux heures sur nous ; & comme nous apprehendions de nous éloigner trop du Vaisseau, & qu'il y auoit peu d'apparence d'en venir à bout, nous y retournâmes sur le matin.

Le quinziéme, le Pilote alla attaquer vn Ioncque qui venoit de Teysing : il l'attaqua chaudement ; mais il fallut enfin l'abandonner, trois de nos gens y furent blessez, & entre ceux-là vn, d'vne blessure mortelle ; car l'arme dont il auoit esté blessé estoit empoisonnée.

Le dix-huitiéme, ie donnay la chasse auec le Batteau à cinq Ioncques ; l'vn des cinq continua sa route, les quatre autres vinrent à l'abord de nous, & mirent en ordre leurs armes & leurs Artilleries ; car c'estoient des Ioncques armez en guerre. Apres les auoir vn peu tastez, nous nous en retournâmes : les Ioncques nous suiuirent, ceux de nostre Vaisseau apprehenderent qu'ils ne nous attaquassent, & mirent en estat de pouuoir tirer sur eux les deux canons qui estoient à la poupe ; car ils approchoient du Vaisseau : mais quand nous fûmes à quelques mille pas du Vaisseau, nous pliâmes nos Voiles, & nous nous mismes à ramer droit contre le vent ; les Ioncques qui ne pouuoient pas faire la mesme chose, nous quitterent. Sur le soir, nous retournâmes à bord, & fismes voile la mesme nuict auec vn vent Nord-Oüest.

Le dix-neufiéme au matin, nous nous trouuâmes éloignez demy mille de la terre, j'entends de la pointe du Teysing ; Petra Blanca estoit au Sudest de nous, enuiron la distance de cinq milles : ce lieu est sous la hauteur de vingt-deux degrez & vingt minutes ; nous fismes voile le long de la coste. Le mesme iour, on regla la ration de l'Equipage à vne pinte d'eau par iour.

Le vingtiéme, le vent nous estoit contraire. Sur le soir, nous jettâmes l'Ancre à dix-sept brasses enuiron six milles hors de la terre Nord à l'Est de Catsje: ce que nous fismes, à cause que nous voyons que nous ne pouuions aduancer auec la voile. Nôtre cable se rompit en cét endroit, il fallut remettre les voiles au vent, & le mauuais temps nous obligea le iour suiuant de retourner à la rade, enuiron huict milles à l'Est du Teysing.

Le vingt-deuxiéme, nous enuoyâmes nostre Vaisseau vers la terre, pour voir s'il ne pouuoit point trouuer vne meilleure rade. Nous fismes voile sur leur rapport, & nous Ancrâmes à la portée d'vn canon en vne bonne rade.

Le vingt-troisiéme au matin, le vent fut encore contraire : il estoit Nord-Est, & faisoit grand froid.

Le vingt-quatriéme, celuy qui auoit esté blessé neuf iours auparauant, mourut ; il s'appelloit Henry Bruys de Bremen.

Le vingt-cinquiéme, nos Charpentiers acheuerent la Chaloupe.

Le vingt-septiéme, nostre Marchand fut à terre auec la Chaloupe & le Batteau, pour voir s'il ne pourroit point trouuer d'eau ; mais ce fut inutilement. Nous vismes quelques Ioncques qui estoient dans la riuiere, & fismes tirer sur eux nostre mousquetterie ; mais ils nous répondoient auec leurs canons de fonte, & alloient à la voile ; tellement que nous reuinsmes sans rien faire.

Le vingt-huitiéme, nostre Pilote prit vn petit Ioncque qui estoit chargé de poisson sec & de poisson sallé : les huict Chinois qui estoient dedans se rendirent, sans faire aucune resistance.

Le vingt-neufiéme & le trentiéme, nous fismes diuerses entreprises sur des Ioncques & sur des Batteaux de pescheurs ; mais nous n'en prismes qu'vn auec cinq hommes. Nous cherchâmes de l'eau, & j'en trouuay qui estoit fort bonne & fort aysée à charger. Les iours suiuans jusques au septiéme de Feurier, nous chargeâmes nostre eau : le temps continuoit tousiours à estre inconstant, & le vent à estre contraire à nostre voyage.

Le huitiéme Feurier, nous fusmes à terre auec le Batteau & la Chaloupe, & vingt-sept mousquetaires, pour vne entreprise que nous deuions faire à terre : nous entrâmes dans vn village, d'où les Habitans s'estoient enfuys ; nous marchâmes vn peu dans

dans le Pays, & trouuâmes vn troupeau de Buffles; nous en ramenâmes dix-sept à nostre bord, auec quatre Pourceaux, & quelques Poulles; le temps estoit toûjours mauuais.

Le dixiéme, le Marchand retourna à terre auec le Batteau & l'Esquif, & vingt-cinq mousquetaires. Ils s'auancerent dans le Pays, & entrerent dans vn village, dont tous les Habitans estoient sortis; ils retournerent à bord apres y auoir mis le feu.

L'onziéme, nostre petit Ioncque fut renuersé & coulé à fonds; nous en sauuâmes le Mast de cinquante-neuf pieds de long; nostre Batteau retourna à terre pour apporter des gerbes de Rys qui nous seruoient de fourage pour les Buffles.

Le douziéme, nous fismes vne autre entreprise auec cinquante hommes: ils coururent dans les villages voisins, où ils virent quelques Buffles; mais ils ne les pûrent prendre. Ils rapporterent seulement quelques sacs pleins d'aulx & d'oignons, & retournerent à bord apres auoir couru bien deux milles auant dans les terres.

Le quinziéme, nostre maistre Pilotte fut mis aux fers, à cause que le feu auoit pris dans sa chambre. Le soir, on le mit en liberté: nos Charpentiers rasseurerent nostre grand Mast.

Le 18. nous jettâmes hors le bord vn de nos hommes qui estoit mort la nuit precedente. Il ne se passoit gueres de iours que nous ne fissions quelque entreprise auec nos Ioncques, nostre Chaloupe & nostre Batteau, tantost sur les pescheurs, tantost sur les Ioncques Chinois; mais le plus souuent auec peu de succez. Le temps estoit toûjours vilain & fascheux.

Le vingtiéme, nous prismes vn Ioncque auec quatorze Chinois; ils nous dirent qu'ils venoient de la riuiere de Chincheo, & que le Commandant des Hollandois auoit conclud le traité auec les Gouuerneurs du Pays; nous ne laissâmes pas de le prendre, & de mettre sa marchandise dans nostre Vaisseau.

Le dixiéme Mars, vn Oyseau passa sur nostre Vaisseau, & fut tué en volant.

Le quatorziéme, nous mismes quasi tout nostre monde à terre; nostre Batteau estoit sur la Greue pour le nettoyer & le calfader, & retournâmes le soir dans le Vaisseau.

Le dix-septiéme, vn de nos Mariniers mourut.

Le dix-huitiéme, le temps fut inconstant, auec tonners, éclairs, & pluyes. Le second Pilote mourut la nuit de ce iour; il n'y auoit que cinq semaines & demie qu'il estoit entré dans cette charge.

Le vingtiéme, trois de nos Chinois prisonniers sauterent hors le bord, esperans se pouuoir sauuer auec le Batteau; mais la sentinelle les découurit: on en reprit vn, les deux autres se noyerent.

Le trentiéme, nous prismes deux Ioncques & vn Vaisseau de pescheurs, auec vingt-sept hommes.

Le deuxiéme Auril, nous mismes à terre deux Chinois, qui nous promirent de nous apporter des rafraîchissemens pour leur rançon; l'vn estoit blessé, & l'autre fort vieil & fort cassé.

Le cinquiéme, nous vismes deux Chinois qui crioient qu'on les vint prendre, pour les porter dans le Vaisseau; nous enuoyâmes nostre Scampan pour les prendre, & il se trouua que c'estoit vn de ceux que nous auions mis en liberté deux iours auparauant. Ces deux Chinois apporterent de nuit dans nostre Ioncque, des Poulles, des Oeufs, des Porcs, des Citrons, des Pommes, des Cannes de sucre, & du Tabac, vn peu de chacune de ces choses qu'ils nous donnerent en reconnoissance de la liberté que nous leur auions renduë. Grande vertu à la verité, & qui deuroit faire honte à beaucoup de Chrestiens qui ne songent gueres à tenir leur parole, lors qu'ils sont sortis de la necessité qui les a obligez de la donner.

Le sixiéme, nous resolûmes de mettre en pieces vn Ioncque, & charger le bois ſur vn autre pour le porter à l'Iſle de Piſcador ; car nos gens auoient beſoin de bois à brûler.

Le ſeptiéme, nous miſmes à terre les deux Chinois dont nous venons de parler.

Le huitiéme, il vint vn petit Batteau auec deux autres Chinois, qui nous apporterent comme les autres auoient fait, quelques rafraîchiſſemens, des Oeufs, des Poulles, des cruches pleines d'Arac ou vin. Nous leur promiſmes en recompenſe de mettre en liberté deux hommes, dont l'vn eſtoit bleſſé. Ils nous firent eſperer qu'ils nous apporteroient d'autres rafraîchiſſemens ; ils nous donnerent encore vingt-cinq pieces de cinquante-huit ſols, & ſ'en retournerent à terre. La nuit, ce Ioncque que nous voulions mettre en pieces, coula à fonds.

Le neufiéme & dixiéme, nous allâmes querir de l'eau pour noſtre Ioncque & pour noſtre Vaiſſeau ; nous miſmes dix-ſept hommes de nos gens ſur le Ioncque, afin qu'ils pûſſent faire voile auec nous vers les Iſles de Piſcador, auſſi-toſt que le vent ſeroit propre pour cette Nauigation.

L'onziéme, les deux derniers Chinois qui eſtoient venus à noſtre bord, y reuinrent auec cinq Porcs, quelques Oeufs, des Raiſins, des Pommes, des Figues, & ſemblables rafraîchiſſemens.

Le douziéme, nous eûmes vne grande tempeſte, & nous abbatîmes toutes nos Voiles ; vn petit Vaiſſeau Chinois fut emporté d'auprés le noſtre, auec vn de nos Matelots. Nous enuoyâmes noſtre Chaloupe apres ; elle ſauua noſtre homme ; mais elle ne pût pas ramener le petit Batteau, elle tâcha de le remorquer à force de rames, l'abandonna enfin, & retourna au Vaiſſeau.

Le treiziéme, nous permîmes de retourner à terre aux deux Chinois qui nous auoient apporté des rafraîchiſſemens, & nous leur donnâmes les deux hommes que nous leur auions promis.

Le quinziéme, nos Mariniers voulurent éprouuer deux pieces de fonte qu'ils auoient miſes ſur de nouueaux affuſts ; ils les chargerent auec double charge, la bouche tournée vers le Ioncque. Dans le temps qu'ils y mettoient le feu, vn jeune homme ſe trouua par hazard vis-à-vis pour faire de l'eau, ne ſçachant rien de ce qui ſe paſſoit derriere luy ; la piece tire, & emporte les jambes à ce jeune homme : ce fut à la verité vn grand mal-heur & vne grande imprudence à celuy qui y mit le feu. L'apresdînée nous tuâmes dans noſtre Vaiſſeau vn Taureau & vn Porc, pour ſolemniſer le iour ſuiuant, qui eſtoit le iour de Paſques ; & cependant que l'on eſtoit occupé à cette beſogne, noſtre Miniſtre & ſon Aſſiſtant furent volez.

Le ſeiziéme, qui eſtoit le iour de Paſques, on oſta les fers à ceux qu'on y auoit mis, à cauſe du vol que ie viens de dire, pour entendre la predication, & mangerent auec nous leur part du Taureau. Le temps fut touſiours inconſtant, & le vent fort variable.

Le dix-neufiéme, on coupa la jambe à ce jeune homme qui auoit eſté bleſſé par inaduertance, & il mourut vne heure apres.

Le vingtiéme, le temps demeura touſiours inconſtant ; le vent Eſt Nord-Eſt ; nous abbatîmes nos maſloteaux ou petits Maſts ; nous jettâmes vne autre Ancre, & les deux Chinois qui ſ'eſtoient ſeparez de nous le treiziéme, retournerent à noſtre bord, & nous apporterent quelques rafraîchiſſemens. Ils nous dirent qu'il y auoit deux cens Ioncques qui deuoient venir pour nous taſter le poulx. Sur cét aduis, nous nous miſmes en eſtat de les bien receuoir.

Le vingt-ſeptiéme, nous tirâmes dans le Vaiſſeau noſtre petit Scampan ; nous auions grande enuie de nous mettre à la voile, car nous n'ozions pas demeurer plus long-temps en ce lieu ; mais la tempeſte & le vent, tout à fait contraire, nous empeſchoit d'executer cette reſolution.

Le vingt-huitiéme, nous miſmes vingt Chinois dans noſtre Ioncque, pour les tranſporter dans l'Iſle de Piſcador.

Le vingt-neufiéme, nous nous mîmes à la voile auec nostre Ioncque; le vent estoit Est Nord-Est.

Le premier May, le temps fut inconstant, & le matin nostre Ioncque se separa de nous, nous le vismes assez loin, la voile auoit esté emportée, c'est pourquoy nous trouuâmes à propos, comme le vent croissoit tousiours, de retirer nos gens qui estoient dessus. I'y fus à ce dessein auec mon Batteau, & en retiray seize hommes, & auec eux dix Chinois seulement; car le reste s'estoit caché. Le tẽps s'éleua si fort, qu'il l'emporta, auec dix Chinois qui y estoiẽt restez. Nous retournâmes sur le midy à bord; & selon nostre estime, nous estions à quelque huit milles des Isles qui sont à l'Orient de Macao. En ces Pays, le vent souffle six mois de l'année d'vn costé, & six mois de l'autre, on l'appelle le Mousson; tellement que ceux qui ne prennent pas bien ce temps, soit qu'ils cherchẽt l'vne des pointes des Isles du Piscador, ou l'autre, il leur est quasi impossible d'y arriuer jusques à tant que le Mousson soit passé. En effet, nous perdîmes beaucoup de tẽps, tãtost nous mettant à la voile, & tãtost l'abbaissant. Nous souffrîmes aussi vne grande incommodité, à cause de la tempeste & des maladies qui commençoient à affliger nostre équipage faute de rafraîchissemens: Enfin, de quatre-vingt dix hommes, nous n'en auions pas cinquante qui se portassent bien. Nous rencontrâmes vn Ioncque de la Chine sur nostre route; il estoit chargé de marchandises precieuses, & valoit plusieurs milliers d'écus. Il estoit party pour aller aux Manilles; de deux cens cinquante hommes qui estoient dedans, nous n'en laissâmes que vingt ou vingt-cinq. Nous prîmes les autres dedans nostre Vaisseau; & à leur place, nous y laissâmes quinze ou seize hommes, apres auoir attaché le Ioncque au derriere de nostre Vaisseau. Nous auions bien alors cent Chinois dans nostre bord; & comme nous n'auions que cinquante de nos gens en estat de seruir, il estoit à craindre que les Chinois ne conjurassent contre nous; & ainsi, nous permîmes à tous nos gens de porter l'épée à leur costé, n'y ayant en autre tẽps que les Officiers seuls qui l'a portent. La nuit, nous faisions décendre tous les Chinois dans le fonds de cale. Nous auions mis à l'entrée de l'écoutille vne espece de chandelier qui portoit plusieurs lampes, & qui éclairoit tellement cette partie du Vaisseau, qu'on voyoit clair proche de l'écoutille. Nous auions cinq ou six hommes qui y faisoient sentinelle le sabre à la main. Le matin, nous ouurions l'écoutille, & permettions aux Chinois de venir en haut pour les besoins qu'ils en pouuoient auoir; tellement qu'on y voyoit fourmiller les hommes de tous costez. I'allois quelquesfois dans la chambre pour dormir; mais je n'en pouuois venir à bout à cause du bruit que faisoient nos prisonniers. Ils se traînoient le long du bord du Vaisseau, & marchoient les mains & les genoux en terre, comme s'ils eussent esté estropiez. On me dit sur ce sujet, qu'ils auoient entre-eux vne prophetie que leur Pays deuoit estre conquis par des hommes qui auoient la barbe rousse; & comme je l'auois de ce poil, je remarquois qu'ils me regardoient auec plus d'admiration que les autres; ce qu'on me rapporta comme vne tradition qu'ils ont entre-eux; Dieu sçait ce qui en est. Le matin, ils alloient le long des bords du Vaisseau & sur les bancs: ils se tenoient propres, & se peignoient souuent; leurs cheueux estoient si longs, que beaucoup d'entre-eux les auoient jusques au dessous des genoux: ils les releuent sur leurs testes auec vn ruban, en forme de tresse, & mettoient au milieu vne espece de plume qui les tenoient droits. Nous les portâmes tous à l'Isle du Pescheur, comme on auoit fait aussi tous les autres qui auoient esté pris par les autres Vaisseaux & Brigantins; là on les lioit deux à deux, & on les obligeoit de porter la terre au Fort; & lors que le Fort fut acheué, on en porta bien quatorze cens à Batauia, où ils furent vendus. Cette Isle du Pescheur estoit nostre rendez-vous; cependant que nous y estions, nous fûmes surpris d'vn si grand houragan ou tempeste, que la pluspart des Vaisseaux eschoüerent; entre-autres, nostre Ioncque fut jetté bien auant sur la terre. Estant dans l'Isle du Pescheur, je receus vne Lettre de Batauia: & mon frere qui estoit, comme j'ay dit, maistre sur le Vaisseau Haerlem, m'écriuoit qu'vn troisiéme frere que j'auois nommé Iacques, estoit sorty d'Hollande l'année precedente, auec la mesme qualité de maistre sur le Vaisseau Maurice; qu'il estoit arriué à Batauia auec vn autre Vaisseau nommé les Armes de Rotterdam, en vn estat tout à fait miserable; car il auoit perdu en chemin enuiron deux cens soixante & quinze hommes. Le Vaisseau des Armes de Rotterdam n'auoit pas assez de monde pour se pouuoir seruir de ses Voiles; plusieurs familles entieres d'Hollande vinrent sur le Vaisseau nommé les Armes d'Hoorn, pour s'habituer à Batauia; plusieurs Hollandois aussi s'y marierent pour s'y établir leur demeure.

Le vingt-cinquiéme d'Octobre, le Commandant Cornelis Reyersz ordonna que nous irions auec cinq autres Vaisseaux vers la riuiere de Chicheo, pour la tenir blocquée, & empescher que les Ioncques n'en sortissent pour aller aux Manilles & autres places de nos ennemis. Ils presserent ceux de la Chine, comme nous auions desia fait plusieurs fois, d'entrer en commerce auec nous à Tajoüan. De nostre costé, nous leur offrions la paix & nostre amitié; & en cas de refus, nous leur deuions declarer la guerre par mer & par terre, si nous estions en estat de la faire auec aduantage pour la Compagnie, comme il estoit exprimé plus au long dans l'instruction que nous auions receuë du Commandant & de son Conseil.

Le vingt-huitiéme, nous vinsmes deuant cette riuiere; nous moüillâmes sous l'Isle des Pagodes, d'où les Habitans s'en estoient fuys, à l'exception d'vn vieillard que nous y trouuâmes: nous arborâmes vn pauillon blanc suiuant nostre instruction, esperant que quelqu'vn viendroit du lieu nommé Agymuy pour traiter auec nous.

Le vingt-neufiéme, nous trouuâmes à propos qu'on trauaillât dans chaque Vaisseau à faire trente ou quarante petits Vaisseaux de bois pour puiser de l'eau, & le plus grand nombre de seaux de cuir qu'on pourroit, & qu'on y trauaillât tant que les Vaisseaux demeureroient à l'Ancre, afin de s'en seruir pour esteindre le feu, si les Chinois nous enuoyoient des Brûlots. On ordonna aussi qu'on feroit bonne garde, & que toutes les nuits deux Esquifs se trouueroient deuant les Vaisseaux à la distance d'vn tiers de mille, pour y seruir de sentinelle, & aussi pour aller querir de l'eau: & comme il ne vint personne d'Aymuy, nous écriuîmes le trentiéme vne Lettre au Totock de cette place, & nous la fismes tenir par le moyen de ce vieillard Chinois que nous auions trouué dans l'Isle. La substance de nostre Lettre estoit, que nous estions venus là pour traiter de la paix & du commerce, comme nous auions fait dans la conferance qu'on auoit euë auec eux: le reste estoit des complimens selon le style de semblables Lettres. Nous publiâmes aussi le mesme iour le suiuant Reglement dans tous les Vaisseaux.

Ordonnance; selon laquelle les gens qui sont dans les Vaisseaux qui se trouuent maintenant dans la Riuiere de Chincheo, se doiuent conduire.

PVisque nous sommes venus dans la riuiere auec quatre Vaisseaux, pour empescher autant qu'il nous sera possible les peuples de la Chine d'aller aux Manilles & autres places, qui sont tenuës par nos ennemis; & qu'il est à presumer, que les Chinois n'obmettront rien de ce qui leur pourra seruir pour nous chasser de là. Il est de la derniere importance, que dans nos Galions, dans nos Batteaux & nos Chaloupes aussi, soit qu'elles soiēt proche du bord des Vaisseaux, ou qu'elles en soient éloignez, on fasse vne garde fort exacte: & comme nous trouuons que les Mariniers ont souuent manqué à vser de cette precaution, sans considerer le dommage & l'affront qu'ils en pouuoient attendre; le Commandant & son Conseil ordonnent & commandent, comme nous ordonnons & commandons à tous les Officiers des Vaisseaux & Mariniers, sans en excepter aucun, que chacun fera sa garde en la place où il aura esté posté; sur peine, pour celuy qui manquera, ou qui sera trouué endormy, d'auoir trois fois la cale, & cent coups de corde au pied du Mast: Que chacun pense à éuiter ce chastiment; car cette Ordonnance sera executée contre ceux qui y contreuiendront, sans aucune exception, l'estat des choses le requerant ainsi. Fait dans le Vaisseau de Groeningen dans la riuiere de Chincheo, le 30. Octobre 1623.

Le premier Nouembre, vn Chinois nommé Cipzuan vint à nostre bord, & nous dit que si nous estions venus pour traiter de paix & de commerce auec eux, que nous y trouuerions beaucoup de correspondance de leur costé; que ceux du pays y estoient fort portez, & nous fit esperer que nous en sortirions auec vn heureux succez, adjoustant que trois cens Marchands Chinois s'estoient assemblez, & auoient resolu de presenter Requeste au Kombon de Hoeckzieu, afin qu'il leur fut permis de traiter auec nous; & que s'il leur arriuoit de perdre leurs biens, la guerre continuant, on leur permit aussi d'armer. Qu'ils auoient resolu de demander auec instance la permission de traiter auec nous: cét homme adjoûtoit que dans le lieu où il estoit, il y auoit vn Hermite qui demeuroit dans la montagne, homme fort riche, d'vne grande naissance; qu'il auoit esté Gouuerneur d'vne Prouince; qu'il s'estoit retiré dans cette solitude apres la mort de sa femme qu'il aymoit fort; & qu'il n'auoit plus d'autre occupation que celle d'ayder les pauures, & ceux qui manquoient de moyens pour aduancer leurs affaires auprés des plus puissans; que cét homme estoit en grande veneration auprés des grands aussi bien qu'auprés des peuples; qu'il estoit tenu pour vn Prophete, & que ses paroles estoient receuës auec la mesme veneration. Il disoit dauantage, qu'il auoit fait entendre à cét Hermite le differend qui estoit entre nous & ceux de la Chine; & qu'ayant appris qu'on faisoit de grands preparatifs pour nous faire la guerre, il auoit predit à ceux du pays, que si on nous faisoit la guerre, ils mettoient l'Estat en danger de se perdre. Christianfranz demanda à Cipzuan, si on ne pourroit point parler à cét Hermite, pour luy faire entendre plus particulierement le dessein de nostre venuë; Cipzuan nous promit de faire en sorte que nous le pourrions voir. Ie le feray, adjousta-il, afin que vous connoissiez que j'ay dessein de vous seruir. Il partit là dessus, nous disant qu'il nous estoit venu trouuer à la dérobée.

Le troisiéme, il vint à nostre bord auec cét Hermite & vn autre Chinois; nous leur declarâmes le sujet de nostre arriuée, & le dessein que nous auions. Apres quelques raisonnemens d'vn costé & d'autre, ils nous promirent de faire vn dernier effort pour porter l'affaire au point que nous souhaitiõs. Nous luy donnâmes vne Lettre de la mesme substance que celle que nous auions enuoyée par le vieillard Chinois au Totock, ou Gouuerneur de la Prouince; il promit de la luy mettre entre les mains. Deux ou trois iours apres, Cipzuan nous vint trouuer, auec la réponse du Totock ou Gouuerneur, qui portoit; qu'il auoit appris que nous estions arriuez sous l'Isle des Pagodes; que nous leur demandions la liberté du Commerce, qu'il la souhaitoit de son costé, si nous la demandions sincerement, & non pas comme nous auions fait auparauant, auec fausseté & dessein de les tromper; qu'il seroit bien-aise de faire vn bon accord auec nous; que dans la derniere conferance qu'il auoit euë auec les nostres, il nous auoit monstré deux chemins pour y paruenir; l'vn de mettre en liberté les prisonniers Chinois; l'autre d'abandonner l'Isle du Pescheur, qu'ils appellent en leur langage Pehoë; que nous n'auions point voulu accepter ny l'vn ny l'autre: ce qui auoit esté cause de la rupture de ce traité. Nous répondîmes que nous n'auions iamais eu que de bonnes & sinceres intentions. Il repliqua qu'il auoit appris, que nous n'estions venus à autre dessein que pour piller les Chinois; & que nous n'auions apporté ny argent ny marchandises pour traiter. Que si en effet nostre intention estoit bonne, & telle que nous la supposions, nous eussions donc à enuoyer vers luy vn Capitaine pour traiter & conclure vn accord à longues années, ou vne paix pour toûiours. Nous luy demandâmes qu'il luy plût nous permettre de venir jusques à Aymuy auec vn de nos Brigantins, à cause que cette sorte d'affaire se traiteroit mieux estant proche qu'estans plus éloignez. Il nous donna permission quelques iours apres de venir jusques-là, auec vn ou deux de nos Vaisseaux.

Le treiziéme, on trouua à propos que nostre Commandant fit voile vers cette place, auec deux Brigantins.

Le quatorziéme, nos Brigantins partirent, & arriuerent le iour suiuant à Aymuy, & nous demeurâmes auec deux Vaisseaux sous l'Isle.

La nuit du dix-sept au dix-huit, j'allay auec le Batteau jusques aux Brigantins, pour sçauoir comment les choses se passoient; car nous commencions à nous ennuyer de la longueur de ce Traité : mais comme j'estois en chemin, & assez proche des Brigantins, j'en vis vn qui estoit en feu, & que l'autre auoit trois Brûlots attachez à son bord, cependant que toute l'Artillerie des petits Vaisseaux Chinois & celle de leurs Ioncques armez en guerre tiroit sur eux. Nous vismes cinquante Brûlots qui descendoient sur le Brigantin nommé l'Erasme : ils auoient auec vne ardeur extraordinaire esteint le feu d'vn de ces Brûlots, & en auoit osté deux autres aux Chinois, dont les hommes se sauuerent, tellement qu'ils s'estoient tirez de ce danger par vn miracle; mais l'équipage du Brigantin Muyden n'eût pas tant d'adresse, car ils ne pûrent empescher que le feu ne prit à leurs voiles, & il nous sembloit qu'ils ne s'aydoient pas beaucoup. Il brûla, & fut emporté en l'air auec tout son monde; ce qui nous fut vn pitoyable spectacle. Nous allâmes tout aussi-tost trouuer nos Vaisseaux, auec le Brigantin nommé l'Erasme; ceux de ce Brigantin nous conterent comme la chose s'estoit passée, & nous dirent qu'aussi-tost qu'ils furent arriuez deuant Aymuy, quelques deputez vinrent à leur bord; qu'ils firent instance que de nostre costé on enuoya vers le Gouuerneur de nos Officiers pour traiter de cette affaire de bouche. Le Commandant le refusa, leur disant qu'il n'auoit personne qui y fut propre; mais qu'il prioit le Gouuerneur de luy enuoyer quelqu'vn des siens auec vn plain pouuoir de conclure l'accord. Les deputez retournerent à terre; & estans reuenus, ils nous dirent que le Gouuerneur leur auoit donné entiere authorité & vn plain pouuoir; & que tout ce qu'ils auroient arresté auec nous, seroit de son costé obserué inuiolablement. On commença à traiter, & on demeura d'accord qu'ils nous viendroient trouuer en vn lieu nommé Teyoauan, & qu'ils y apporteroient autant de soyes que les marchandises que nous auions pouuoient valoir; qu'ils n'iroient point à Manilla, Combodia, Siam, Patany, Ianby, & Andrigerry, sans auoir vn passeport de nous; qu'ils enuoyeroient cinq ou six Ioncques à Batauia pour traiter auec nostre General, sur le sujet de l'affaire de l'Isle du Piscador, d'où ils nous vouloient chasser : cét accord ayant esté fait solemnellement, ils s'en retournerent à terre. Ils reuinrent vne autre fois à nostre bord, & firent instance que quelques-vns de nos Capitaines vinssent trouuer le Totock ou Gouuerneur, afin que l'accord fut écrit & juré en Chinois & en Hollandois; que le Totock souhaitoit d'écrire au Combon, que l'accord auoit esté juré en sa presence. Ils nous amenerent trois * Mandarins pour ostages, auec trois Fléches, selon leur coustume, pour seureté de leur promesse. Le Commandant & le Conseil des Brigantins trouuerent à propos d'y enuoyer le Commandant en personne, auec d'autres Officiers : comme ils furent arriuez à terre auec enuiron trente personnes, ils furent fort bien receus. Les Chinois dresserent des tables sur la Greue, pour traiter les Matelots. Le Commandant donna ordre au Maistre du Brigantin Erasme, d'auoir l'œil sur les Matelots, & qu'au plustost il les renuoyât à bord. Pour luy, il fut conduit au Palais du Totock ou Gouuerneur : il parut qu'ils auoient dessein d'enyurer les Matelots. Les Mandarins seruoient à table, & vouloient à toute force que le Maistre de l'Erasme, qui auoit commandement sur les Matelots, vint vers le Totock. Il fut ébranlé d'y aller; mais il eust soubçon que les Chinois auoient

* Les Mandarins sont les Gouuerneurs en Chef des Prouinces, qui ont d'autres Mandarins ou Gouuerneurs subalternes.

quelque mauuais dessein. Il fit leuer de table ses Matelots, les enuoya au Vaisseau, & y passa auec eux. Vers le soir, le maistre Pilotte du Brigantin Muyden fut à terre auec vne Chaloupe armée, pour ramener les trois Officiers qui estoient allez vers le Gouuerneur; estant arriué à terre, les Chinois l'arresterent, les hommes qui estoient demeurez dans les Brigantins ne pouuoient deuiner ce qui auoit pû retenir leurs gens à terre, ny pourquoy nos deputez demeuroient si long-temps. Ils demanderent à ceux qui estoient auec eux pour ostages, d'où venoit ce retardement: ils répondoient qu'il falloit que la bonne chere les eut retenus; mais la mesme nuit, ils vinrent quatre heures deuant le iour auec cinquante Brûlots, pour perdre nos Brigantins; ce qui leur reüssit pour vn seulement. Ils auoient aussi enuoyé de la bierre faite à la mode de la Chine, dans laquelle ils auoient mis du poison; mais ils le retonneurent, & se garderent bien d'en boire. Ces nouuelles nous affligerent tous au dernier point; car la perte que nous faisions estoit tres-considerable: c'estoit du costé des Chinois vne infidelité execrable, & Dieu en fera le chastiment dans son temps.

Le dix-huitiéme, nous tirâmes des maisons qui estoient dans l'Isle des Pagodes, du bois pour brûler. Nous resolûmes apres cela de faire voile vers le costé Septentrional de la riuiere, pour estre là plus asseurez contre le danger de leurs Brûlots; car nous estions bien persuadez, que bien loin de rechercher nostre amitié, ils n'auoient autre pensée que de nous faire du mal.

Le dix-neufiéme, le Vaisseau nommé l'Ours Anglois qui venoit du Iappon, nous vint trouuer; nous luy contâmes ce qui s'estoit passé: & le Conseil des Vaisseaux ayant esté assemblé à cette occasion dans ce Vaisseau, on dressa vn écrit de la resolution qui y fut prise, en ces termes.

Resolution prise par les principaux Officiers des Vaisseaux l'Ours Anglois, le Samson & l'Erasme, le 24. Nouembre 1623. deuant la Riuiere de Chincheo.

APres estre partis l'onziéme Nouembre du Iappon, nous jugeâmes à propos d'approcher de la coste de la Chine, pour faire auec plus de seureté nostre voyage à l'Isle Piscador: nous arriuâmes le dix-neufiéme du mesme mois dans la riuiere de Chincheo, où estoient les Vaisseaux Groeningen, le Samson, & l'Erasme; nous apprîmes d'eux auec douleur la perte du Brigantin Muyden, la detention de leur Commandant, & de leurs autres deputez qui estoient passez vers les Chinois pour traiter de la paix; d'ailleurs, comme l'instruction du Commandant Cornelis porte, que soit que l'on continuë la guerre, ou qu'on fasse la paix, les Vaisseaux doiuent tenir la riuiere tousiours blocquée. Les équipages de ces Vaisseaux se pleignant d'auoir beaucoup de malades, nommément ceux du Samson, qui à peine auoit assez de monde pour leuer son Ancre, estant pour cette raison obligé de quitter la coste, pour essayer de mettre ses malades sur d'autres Vaisseaux, & les enuoyer à l'Isle du Piscador. On a trouué à propos de distribuer à ces trois Vaisseaux partie des rafraîchissemens que nous auions apportez pour la Flotte; d'autant plus que le Commandant Cornelis, auec la pluspart des malades qui estoit dans l'Isle Piscador, estoit party auec eux pour Teyouan; tellement qu'il y a lieu de croire qu'il y est resté fort peu de malades dans l'Isle Piscador. Nous leur donnâmes donc dix milles grosses Pommes, dix milles Mykans.
vingt Porcs, deux cens Melons, & trois Vaches; afin que faute de rafraîchissemens, on ne leuât point le blocus de la riuiere; ce qui ne se pourroit faire qu'en manquant aux ordres & au grand détriment de la Compagnie; & à cause que pendant la prison du Commandant Christiaen-Fransz, la Flotte n'a point de Chef; on a conclud que par prouision jusques à vn nouuel ordre du Commandant Cornelis, Guillaume Bontekoë auroit authorité d'assembler le Conseil, qu'il y presideroit; & que son Vaisseau porteroit le Pauillon à son grand Mast. Ainsi fut fait & arresté dans le Vaisseau l'Ours Anglois, le 24. Nouembre 1623.

Ce rafraîchissement rendit les forces & la vie à nos gens; ils tinrent la riuiere blocquée le mieux qu'ils pûrent, tellement que les Chinois ne pouuoient sortir pour aller aux Manilles ny autre part. Nous prîmes plusieurs de leurs Ioncques, & autres grands Vaisseaux. Enfin ie fis voile vers l'Isle du Piscador; dans ce temps, le temps de mon seruice expira, ie n'auois point de pensée de m'engager dauantage. Le Commandant Cornelis m'en pressoit beaucoup; il m'offroit des conditions bien plus aduantageuses que celles auec lesquelles j'auois seruy jusques alors. Il haussoit notablement mes gages; enfin, il m'obligea de monter sur vn Vaisseau nommé Bonne-Esperance: ce Vaisseau estoit prest de partir pour Batauia, & la commission estoit conceuë en ces termes.

COmme nos Superieurs & nostre General desirent que sur tous les Vaisseaux il y ait vne personne qui ait authorité d'assembler le Conseil, & d'y presider dans les occasions. Nous auons nommé pour cét effet Guillaume Bontekoë Maistre de ce Vaisseau, pour y assembler le Conseil pour les affaires qui regardent le seruice de la Compagnie, & aussi pour y presider & donner sa voix le premier. Donné au Fort de Piscador le 20 Feurier 1624.

Signé, { IEAN DE MOR, Marchand. Le Maistre du Vaisseau.
IEAN DE NAYER, Pilote. Le sous-Pilote.

Les personnes cy-dessus nommées, qui composent le Conseil du Vaisseau, recommandent la diligence dans les choses qui regardent l'interest de la Compagnie signé Cornelis Reyersz.

Le vingt-vniéme Feurier, ie fis voile auec ce Vaisseau vers Batauia; mon instruction portoit, que ie courerois auparauant le long de la coste de la Chine: ce que nous fismes; mais nous eûmes sur cette coste vne si rude tempeste, & nostre Vaisseau estoit en si mauuais estat, & tellement ouuert, qu'il nous falloit estre continuellement à la pompe; cela me fit resoudre à ne demeurer pas dauantage le long de cette coste, & à poursuiure nostre voyage jusques à Batauia.

Entre le vingt-quatre & le vingt-cinquiéme, nous passâmes les Isles de Macao auec vn temps variable.

Le sixiéme Mars, nous joignîmes le Vaisseau nommé l'Ours Anglois; son Marchand & son Maistre vinrent à nostre bord, & nous dirent qu'ils auoient fait quelques cent soixante prisonniers Chinois, en comptant hommes, femmes, & enfans. Nous les voulûmes prendre sur nostre Vaisseau, & les obliger de demeurer auec nous, comme portoit nostre instruction; mais ils nous declarerent que leur Vaisseau estoit si foible, & qu'il faisoit tant d'eau, qu'à peine pouuoient-ils l'empescher de couler à fonds, & qu'ainsi ils estoient obligez d'aller à Batauia sans perdre le temps ailleurs.

Le huitiéme, le Maistre du Vaisseau de l'Ours nous apporta deux Bœufs pour seruir de rafraîchissement à nostre équipage.

Le neufiéme, nous fûmes à son bord; nous en tirâmes deux autres Bœufs, des féves, quelques cruches d'huyle, & autres prouisions.

Le dix-septiéme, nous moüillâmes l'Ancre sous Poelpon; nous nous y pourueûmes d'eau, & ceux de l'Ours firent entrer dans nostre Vaisseau soixante-quatre Chinois; nous fûmes à terre pour couper du bois à brûler.

Le vingtiéme, nous nous mismes à la voile.

Le vingt-cinq & vingt-sixiéme, le Vaisseau de l'Ours se separa de nous.

Le trentiéme, nous moüillâmes l'Ancre sous l'Isle Mensch-eters, ou des Mangeurs d'hommes.

Le premier Auril, nous leuâmes l'Ancre, & le iour suiuant nous arriuâmes à la rade de Batauia.

Nous fismes encores apres d'autres voyages pour apporter des pierres des Isles qui sont entre Bantam & Batauia. I'auois tousiours dans l'esprit de retourner en mon Pays, à la premiere occasion qui s'en presenteroit. Ie trouuois par experience que le prouerbe

prouerbe est veritable, qui dit qu'il n'y a point d'oyseau qui n'ayme sõ nid; car enfin, quelque beau pays où l'on se trouue, & quelque profit & aduantage qu'on en puisse attẽdre, on n'auroit aucun plaisir à y estre ny à les voir, si on n'auoit esperãce d'en pouuoir parler vn iour en son pays; autremẽt ces lõgs voyages, sãs esperãce de retour, ne seroient en rien differents d'vn bannissement veritable. Comme j'allois & venois de Batauia pour transporter des pierres, trois Vaisseaux se trouuerent prests pour aller en Hollande; ie pris cette occasion, & j'obtins du General la liberté de m'en pouuoir seruir. On me mit pour Maistre sur le Vaisseau nommé Hollande, qui estoit vn excellent Vaisseau, & bien monté d'Artillerie. Le Commandant Cornelis estoit en ce temps-là reuenu de l'Isle de Piscador à Batauia, pour s'en retourner aussi en son pays. Il eut le commandement de ces trois Vaisseaux; il se mit sur le nostre; c'estoit vn homme fort agissant, & d'vne grande experience, qui en plusieurs rencontres auoit rendu de grands seruices à la Compagnie. Ie vis alors à Batauia Guillaume Schouten qui estoit de mon pays; j'eus occasion de le gouuerner long-temps. Il s'embarqua aussi sur le Vaisseau Mildelburgh, pour faire auec nous le voyage.

Le sixiéme Feurier 1625. nous partîmes auec ces trois Vaisseaux de Batauia pour retourner en nostre patrie; nous prîmes terre à Bantam, nous y trouuâmes quelqu'vns de nos Vaisseaux à l'Ancre; nous y prîmes vn cable qui nous manquoit, nous nous mîmes en suite à la voile auec vn vent d'Oüest, qui nous estoit tout à fait contraire; nous louiâmes jusques sur l'Isle de Sebbesée. Cette Isle est au dedans du détroit de Sunda proche de Sumatra; nous demeurâmes là trois ou quatre iours, en attendant le vent, pour forcer vn courant d'eau qui entre auec grande force dans le détroit.

Le quinziéme, nous nous mîmes à la voile auec vn vent de terre; & le seiziéme, nous trouuâmes que nous auions passé le détroit; le vent estoit Oüest, nous courûmes vers le Sud auec vn petit frais, dans l'esperance de trouuer les vents de Sud.

Le vingt-septiéme, nous eûmes les vents du costé du Sud, sous la hauteur de dix-sept degrez Latitude Australe: nous tournâmes nostre course vers l'Oüest, pour aller au Cap de Bonne-Esperance, jusques sous le 19. degré, où nous eûmes des vents Sud-Est, le vent tourna apres vers l'Est, nostre course vers l'Oüest, auec vn bon frais, en sorte que nous auancions autant qu'on le peut faire.

Le quinziéme de Mars au matin, nous trouuâmes vingt-deux degrez de variation Nord-Est qui diminuoit; ce jour-là nostre Commandant se trouua fort mal.

Le seize, dix-sept, & dix-huitiéme, il venta si fort, que nous eûmes peur de heurter les vns contre les autres; nostre Vaisseau ce jour-là estoit Admiral; car, comme j'ay dit, nous portions le feu chacun à nostre tour; j'allay trouuer le Commandant dans sa chambre où il estoit malade, & luy dis que le Conseil du Vaisseau estoit dans l'apprehensiõ de perdre de veuë les autres Vaisseaux, à cause qu'on ne pouuoit, par vn si grand temps, gouuerner assez pour se tenir de conserue: qu'ils trouuoient à propos par cette raison-là que le iour estant venu on n'abbaissât pas les voiles, & qu'on tirât quelques coups de canon pour aduertir les autres Vaisseaux de faire la mesme chose; que j'esperois que cette nuit-là nous ne nous éloignerions point tant les vns des autres que nous ne nous pûssions voir le iour suiuant: le Commandant me dit, Maistre, si vous croyez qu'il soit à propos, faites le: ie l'executay, on tira, & en mesme temps les autres Vaisseaux plierent aussi les voiles, & prirent vers le Sud. A six heures de nuit il venta si estrangement, que ceux qui ne se sont pas trouuez en pareille rencontre, n'auroient iamais crû que le vent eut pû souffler auec tant de force: le vent couroit toutes les pointes du compas; si bien que nous ne pouuions juger de nostre route: nostre Vaisseau fut enfoncé dans l'eau si auant, que les gens qui estoient à la prouë en furent couuerts d'eau; il sembloit que toute la force du vent vint du haut en bas, & que le Vaisseau deût estre englouty; nous en fûmes quitte pour nostre grãd Mast,que le vẽt emporta hors le bord,& le rõpit quelques 3. pieds au dessus du Tillac: nous estiõs assez prés les vns des autres; mais nous ne pouuions pas nous faire entendre à cause du grand vent; on appelle Houragan ces grands coups de vents, ils durent 7. ou 8. heures. Le vent commença apres à diminuer. Dans le temps qu'il souffloit le plus fort, la mer estoit vnie comme vne glace, comme si elle eut esté arrestée en cét estat par quelque force de dehors; mais quand le vent commença à diminuer, elle deuint si orageuse, qu'il sembloit que le Vaisseau s'alloit renuerser s'en dessus dessous; il en fut tellement remply d'eau, que nous en eûmes jusques à la hauteur de sept pieds deuant que de nous en estre apperceus : nous fismes trauailler toutes les pompes ; mais il sembloit qu'elle augmentoit plustost que de diminuer; nous nous trouuâmes fort embarassez , les pompes estoient si sales , qu'on ne pouuoit pomper , le poivre les auoit bouchées; nous auions soixante pieces de canon de fer & de bronze dans le fonds de cale, & au dessous du poivre en grenier. Ces pieces, dans le grand mouuement du Vaisseau, en heurtant les vnes contre les autres, faisoient couler le poivre le long de la calingue, & ce poivre bouchoit les conduits par lesquels l'eau deuoit se rendre aux pompes; mais comme le Vaisseau estoit bon par dessous,nous ne perdîmes pas courage, nous fismes démonter les pompes pour les nettoyer, & apres à force de pomper, l'eau commença d'en sortir plus trouble, & à diminuer, ce qui nous augmenta le courage : nostre Mast nâgeoit le long du costé du Vaisseau, ie le voulois conseruer; mais il fallut enfin ceder à l'importunité de la pluspart de mes gens, qui voulurent qu'on l'abandonnât.

Dans ces rẽcontres, les Mariniers se réjouyssent de voir l'eau sale & trouble; car c'est vne marque qu'il en reste peu dans le Vaisseau.

Le matin nous regardâmes de tous costez, pour voir les Vaisseaux qui nous faisoient compagnie; nous vismes deuant nous le Middelburgh qui auoit perdu tous ses Masts, hormis celuy d'Auant; nous estions tous deux en si mauuais estat, que nous ne pûmes approcher l'vn de l'autre. Le Vaisseau de Gouda ne paroissoit point, & il y a bien apparence qu'il coula à fonds dans cette tempeste; car la nuit nous fûmes portez vers vn endroit où l'eau nous parut fort noire; quelques-vns des nostres en ayans puisé, nous dirent qu'ils y auoient trouué du poivre; ce qui nous faisoit croire que nos deux Vaisseaux s'estoient perdus en ce lieu. Le Middelburgh enuoya sa Chaloupe vers nous; elle arriua à la pointe du iour sous la gallerie de nostre Vaisseau; leurs gens qui y estoient nous appellerent, & nous fûmes fort estonnez d'entendre leurs voix, ne croyans pas qu'il y eut du monde si près de nous; nous leur donnâmes vn bout de corde, & le Maistre monta auec les autres : ils nous raconterent le mauuais estat où ils estoient, & nous le nostre; ils se plaignirent d'auoir perdu tous leurs Masts, & que si nous ne les secourions, ils ne pourroient iamais arriuer à terre. pour nous, nous auions encore nostre Beau-pré & nostre Artimon, nostre Gaillardet & nostre grande Vergue, que j'auois fait descendre jusques sur le bord du Vaisseau, deuant que le Houragan fut venu; au lieu que dans l'autre Vaisseau, ils l'auoient toûjours tenuë au haut du Mast, & ainsi l'auoient perdu; nous resolûmes de donner à ceux de ce Vaisseau nostre grande Vergue, nostre Mast de Hune & vn petit Mast de quatorze palmes que nous auions encore dans nostre Vaisseau : ce qui leur donna du courage, & l'esperance de pouuoir gagner la terre. On demeura aussi d'accord, que chacun feroit la route qu'il pourroit pour arriuer à la Baye de sainte Lucie dans l'Isle de Madagascar. Cela fut ainsi resolu, dans le Conseil qu'on tint dans la chambre du Capitaine; & à cause que ie commandois l'Equipage, ce fut à moy à en porter le commandement; les gens du Vaisseau s'y opposerent, disans qu'ils auoient encore plus de necessité de toutes choses que le Vaisseau de Middelburgh, & qu'ils ne souffriroient point qu'on leur donnât ce qu'on leur auoit accordé : ie n'insistay pas dauantage; mais ie leur dis auec douceur, Camarades, prenez garde à ce que vous faites; si nous laissons icy le Vaisseau de Middelburgh dans l'impuissance où il est, vous voyez bien qu'il ne peut pas faire le voyage, & qu'il faut qu'il perisse; car il n'a point de voiles : nous faisons profession d'estre Chrestiens, monstrons que nous le sommes par nos actions : Songez, ie vous prie, à ce que vous souhaitteriez si vous estiez en leur place, & rendez-leur le mesme secours que vous leur demanderiez en pareille occasion. Ils s'assemblerent, & apres auoir deliberé quelque-temps, ils me dirent ; Hé bien, nostre Maistre, quand nous aurons rendu ce seruice au Vaisseau de Middelburgh, pourrons-nous nous separer de luy : ie leur dis que la chose auoit esté ainsi resoluë dans la chambre, ils ayderent alors à tirer le Mast, & donnerent la grande Huniere auec le petit Mast de quatorze palmes. Ceux de Middelburgh prirent congé de nous, & ramerent pour gagner leur Vaisseau ; apres auoir mis dans leur Chaloupe ce que nous leur auions donné, esperans qu'auec l'ayde de Dieu nous nous trouuerions ensemble dans la Baye de sainte Lucie. Nos gens me demanderent encore vne fois, pouuons-nous nous separer d'eux : Ie leur dis, ouy, vous le pouuez.

Le vingt-deuxiéme, nous nous separâmes du Vaisseau Middelburg, & tournâmes nostre route vers l'Isle de Madagascar, qui estoit la terre la plus proche.

Le trentiéme nous en eûmes la veuë, & fismes voile le long de la terre : nous y vismes quelques feux allumez : nous estions selon nostre estime, à huit ou neuf milles de la Baye de sainte Lucie du costé de l'Est, & bien resolus de ne point quitter la coste à cause du mauuais estat de nostre Vaisseau. Nous resolûmes donc de jetter l'Ancre à 25. brasses de fonds : la Chaloupe fut cômandée cependât le long de la coste, afin qu'allant ou à la rame ou à la voile, elle tâchât de trouuer cette Baye. Ie me mis sur la Chaloupe, & ie trouuay la Baye de sainte Lucie à neuf ou dix milles du lieu où le Vaisseau auoit moüillé ; ie la sonday vers les pointes de la terre & de tous costez, & trouuay que c'estoit vne place fort propre pour nostre Vaisseau. Ie retournay au bord, où j'arriuay le iour suiuant, & ie rendis compte de mon voyage. On leua l'Ancre, & on fit aussi-tost voile : nous arriuâmes dans la Baye ; ce qui nous donna beaucoup de joye ; & nous obligea à remercier Dieu de la misericorde qu'il nous auoit faite.

Le premier Auril, nous trouuâmes à propos de décharger le Vaisseau, & de dresser des tentes à terre pour y mettre les marchandises à couuert, & pour déboucher plus aisément les trous de nos pompes qui s'estoient remplies de poivre ; mais comme j'allay à terre auec la Chaloupe, ie trouuay que la mer y brisoit fort rudement ; ce qui me fit croire qu'il n'estoit pas à propos de débarquer les marchandises, à cause du danger qu'auroit couru la Chaloupe & nostre Batteau d'estre brisez en pieces. On resolut de tirer du fonds de cale toutes les marchandises qui y estoient ; mais de ne les point transporter hors du Vaisseau. Ce que nous fismes : nous tirâmes tout le poivre auec des sacs ; nous en emplîmes la chambre de sainte Barbe, & le haut du Tillac, jusques à l'endroit du grâd Mast, où nous fismes vne separation, afin qu'il ne roulât point sur le deuât du Vaisseau. Nous nettoyâmes nos pompes, & les trous par lesquels l'eau y deuoit couler, faisans passer des cordes du long de la calingue pour la mieux nettoyer : apres quoy nous remîmes les marchandises à fonds de cale. Nous prîmes apres celles qui estoient restées, & les mismes dans la chambre du Chasteau de deuant ; cependant nous traitions auec les Habitans, & nous leur demandions si ils ne nous feroient point trouuer quelque Mast : ils nous le faisoient esperer ; & les ayant pris auec nous, & nous estant aduancez vers les bois, ils nous monstrerent des arbres qui y estoient propres, & s'offrirent de nous ayder dans toutes les choses qui auroient pû dépendre d'eux. I'y fus auec des Matelots, des haches & des sies : nous portâmes proche du Batteau la piece de bois qu'il nous falloit, & mismes en besogne les Charpentiers : ils reclamperent le bout de cette piece de bois, qui auoit bien vingt-huit pieds de long, sur le tronc du Mast que nous auions perdu.

Nous estions ainsi occupez à terre & dans le Vaisseau à reparer les pertes que nous auions souffertes : on trouua quelques fers propres pour faire des cordes. Le bruit s'estendit bien auant dans le pays que nous estions arriuez à cette place ; &

sur ce bruit, les Habitans accoururent de fort loin auec leurs troupeaux : ils dressoient leurs tentes proche de nous, & nous apportoient des pommes, des citrons, & du laict, qu'ils faisoient boüillir deuant que de nous l'apporter, de peur qu'il ne s'aigrit ; car en ce pays-là il se corrompt en vn moment. Nous troquâmes auec eux de leur bestail, & leurs pescheurs nous apporterent à vendre & à troquer du poisson : ce Peuple paroissoit tout à fait affectionné à nostre Nation ; ils nous faisoient entendre qu'ils auoient des ennemis dans le pays, & que si nous voulions les ayder à leur faire la guerre, ils auroiẽt fait pour nostre seruice tout ce que nous aurions desiré. Nous achetâmes aussi d'eux de la cire & du miel, dont ils auoient abondance : ils nous dirent que leur Roy parloit Espagnol, & qu'il demeuroit à vne journée de là : nous enuoyâmes vers luy deux de nos Matelots auec vn jeune homme, le Roy les receut bien ; ils luy firent leur message, & luy demanderent du Rys à acheter : Il leur dit que cette année-là ils auoient esté fort tourmentez par les sauterelles, qui auoient mangé tout leur Rys : ce que ie crûs aisément ; car estant à terre, j'en trouuay vne si grande quantité, qu'elles me vôloient de tous costez sur le visage, & m'empeschoient quasi de respirer : ces Insectes ont des aîles ; & estans à terre, elles sautent comme des autres sauterelles : les Habitans les prenoient, leur arrachoient les aîles, & les mangeoient apres les auoir fait brûler, nous inuitans à faire la mesme chose ; mais nostre goust ne s'accordoit point auec le leur. Le Roy vint auec nos deux Mariniers jusques à nostre bord, il me fit present de quatre bestes à corne : ie luy donnay en recompense deux mousquets ; il nous dit qu'il ne nous pouuoit point fournir de Rys. Apres que nous eûmes esté là onze iours, nostre Commandant mourut : nous l'enterrâmes dans vne Isle qui est à l'emboucheure de la Baye toute couuerte d'arbres, on le mit au pied d'vn des plus beaux & des plus verds, auec cét Epitaphe.

La mort suit les hommes par tout, personne ne sçait quand elle le doit prendre, ny si on la doit rencontrer du costé du Midy ou de celuy du Couchant : Dieu seul le peut sçauoir ; mais celuy qui se conforme à sa volonté, meurt content en quelque lieu du monde où la mort le trouue.

Nos Mousquetaires firent trois fois leur descharge sur sa fosse, & on tira du Vaisseau cinq coups de canon. Cette ceremonie estant acheuée, nous nous mismes à trauailler à nostre Vaisseau ; nos gens ne le faisoient pas auec la diligence que nostre besoin le requeroit : & comme ie le connoissois mieux que personne, ie les y exhortois tous les iours. Camarades, leur disois-je, faisõs du mieux qu'il nous sera possible pour nous mettre en estat de partir promptement ; ne perdons point de temps, puisque nous n'auons que pour huit mois de viures ; autrement, nous serons obligez de retourner à Batauia. Ie sçauois bien qu'ils n'auoient point enuie d'y retourner ; il fallut enfin en venir aux grosses paroles & aux coups, comme il arriue le plus souuent en semblables occasions. Il nous restoit encore beaucoup à faire durant ce temps-là ; il me sembloit que j'estois comme Scipion l'Afriquain, lequel, ainsi que j'apprends, auoit accoustumé de dire ; ie ne suis iamais plus occupé, que lors que ie ne fais rien, & iamais moins seul que lors que ie suis tout seul ; car toute la nuit n'estoit pas trop longue pour songer de quelle maniere j'employerois mes Matelots le iour suiuant, sans leur donner sujet de se plaindre : ie les animay de sorte, qu'ils trauaillerent de toutes leurs forces jusques au vingt-deuxiéme Auril, auquel temps nous nous trouuâmes en estat de poursuiure nostre voyage. Nous emplîmes nos bariques d'eau, & nos gens eurent autant de Pommes & de Citrons qu'ils en pûrent serrer dans leurs coffres.

Les Sauuages de ce pays-là sont noirs pour la pluspart, quelques-vns ont les cheueux longs, d'autres les ont frisez comme la laine des brebis : les femmes les portent attachez sur leurs testes par petites trousses, elles les graissent auec de l'huyle ; ce qui fait qu'ils reluisent au Soleil. La plufpart des hommes en vsent de la mesme façon, & n'ont rien qu'vn petit drap qui leur couure les parties honteuſes, quelques-vns meſmes vont tout à fait nuds.

Le vingt-troiſiéme, nous reſolûmes de partir le iour ſuiuant au matin, auec le vent qui vient de terre; mais la nuit à cette heure, deux de nos Mariniers qui faiſoient ſentinelle, ſ'en allerent auec noſtre Eſquif à terre, & paſſerent du coſté des Negres, tellement que nous ne les pûmes trouuer: cela nous eſtonna fort; car ils nous auoient aydé à mettre noſtre Vaiſſeau en eſtat de continuer le voyage, & ſ'eſtoient enfuys la nuict que nous deuions partir, pour viure parmy vn Peuple tout à fait barbare, qui n'auoit aucune connoiſſance de Dieu ny de ſes Commandemens: nous nous imaginâmes qu'ils auoient eu commerce auec les femmes du pays, & qu'elles les auoient engagez à demeurer; car les femmes ſont de puiſſans inſtrumens pour perdre les hommes. Nous viſmes là des petits enfans qui eſtoient quaſi blancs, auec des cheueux blonds; nous crûmes qu'ils pouuoient venir des Hollandois qui ſ'eſtoient arreſtez auparauant nous dans cette Baye. Les femmes auoient grande enuie de conuerſer auec nos gens; & ſ'il eut eſté auſſi facile d'y auoir de la bierre & du vin que des femmes, nos affaires ne ſe feroient pas trop aduancées; car apres qu'ils auoient eſté auec elles, ils retournoient à leur trauail ſans force, comme ſi on leur eut rompu tous les os du corps. Ie peus dire cela de beaucoup, en exceptant touſiours ceux qui furent ſages. Cette deſertion de deux de nos Mariniers retarda encore noſtre départ de deux iours, que nous employâmes à les chercher dans le pays: nous les trouuâmes enfin; mais ils ſ'enfuyrent de nous, tellement que nous fûmes obligez de les laiſſer là.

Le vingt-cinquiéme Auril, nous fiſmes voile auec vn vent de terre: nous courûmes vers le Sud, & nous eûmes aſſez beau temps juſques au dixiéme May, que le vent & le temps ſe changerent; le vent ſe tourna vers l'Oüeſt & le Sud-Oüeſt.

Le vent Oüeſt Sud-Oüeſt augmentoit touſiours de telle ſorte, que nous fuſmes obligez d'abatre nos Hunieres, tirant au deſſus de Madagaſcar. Nous vîmes le vingt-huitiéme de May la coſte de Terra de Natal; nous y eûmes beau temps: nous la quittâmes enfin, & nous trouuâmes qu'vn grand courant venoit de la coſte, & nous portoit vers le Cap. Ce fut vne merueille de voir auec quelle viſteſſe nous perdions la veuë de la terre; cela nous donna courage de paſſer le Cap. La nuit, nous eûmes de l'orage, auec pluyes & broüillards; ſi bien que nous fûmes trois ou quatre iours auec vne ſeule voile; le vent eſtoit Oüeſt, auec de ſi furieuſes vagues, que les membres du Vaiſſeau en craquoient ſouuent: ſ'il euſt eſté moins fort, il ne feroit pas demeuré entier. Le temps ſ'eſtant vn peu appaiſé, nous prîmes noſtre chemin vers le Nord pour trouuer la coſte: le mauuais temps nous empeſcha de pouuoir prendre la hauteur; & nous courûmes ſi long-temps ſur cette route, que nous viſmes la terre: le temps ſ'eſtant éclaircy, nous prîmes la hauteur, & trouuâmes que nous eſtions ſous les trente-cinq degrez: ce qui nous fit juger que la terre que nous voyons eſtoit celle du Cap des Aiguilles, qui eſt ſous cette hauteur. Nous nous éloignâmes auec vn vent Oüeſt Sud-Oüeſt, accompagné de pluyes: le vent deuint ſi fort, & les vagues rompoient en cét endroit ſi rudement les vnes contre les autres, & contre noſtre Vaiſſeau, qu'il ſembloit qu'elles le deuſſent engloutir; mais par la grace de Dieu, nous nous en retirâmes, quoy qu'il n'y eut pas d'apparence de l'eſperer: cela dûra quatre iours, au commencement nous n'auions qu'vne voile, nous en miſmes apres vne autre: noſtre Vaiſſeau eſtoit ſi rude, & rouloit tant, que ſans voile nous ne le pouuions tenir droit. Le ſixiéme iour, les vagues diminuerent, & nous eûmes bon temps; nous prîmes la hauteur, & la trouuâmes de trente-deux degrez ſeize minutes, ce qui nous fit connoiſtre que nous auions paſsé le Cap de Bonne-Eſperance; car il eſt ſous les trente-quatre degrez & demy. Enfin, le temps deuint ſi beau, qu'il nous ſembla eſtre paſsés de l'Enfer en Paradis; & au lieu qu'auparauant nous pouuions à peine eſperer de passer le Cap, que nous estions dans vne grande tempeste le vent contraire, & que nous n'ozions porter que fort peu de voiles; nous les auions toutes alors, & nous les portiõs le plus haut qu'on les puisse porter: nous dressâmes nostre course vers l'Isle de sainte Helene auec vn vent Sud-Est, & est Sud-Est auec vn bon frais.

Le quatorziéme, nous en eûmes la veuë : nous courûmes tout proche de la coste, & découurîmes la valée de l'Eglise où l'on fait eau. Nous y vismes à la rade vne Caraque de Portugal : aussi-tost qu'elle nous eut découuert, elle approcha de la terre à la distance de la portée d'vn mousquet, & débarqua du canon dont elle fit vne batterie : nous en approchâmes auec le Vaisseau nommé Hollande; mais la terre de cette Isle est si haute, qu'elle nous déroba le vent, & nous empescha de l'aborder : nous auions dessein de couper ses cables, & de l'attirer en mer : ce que nous eussions bien pû faire; car sa batterie estoit si haute, que nostre Vaisseau se pouuoit mettre dessous sans la craindre; & si nous eussions eu vn peu de bon-heur, nous nous en fussions sans doute rendus les maîtres : nous n'en pûmes approcher plus prés que de la portée du mousquet; nous armâmes nostre Chaloupe, & nostre Marchand passa vers eux auec vn pauillon de paix. Ils armerent leur Batteau, & vinrent au deuant de nos gens : ils nous demanderent d'où nous venions : nous leur dîmes de Iaua, & que nous auions perdu nostre compagnie, que nous attendions d'heure en heure : ils dirent aux nostres qu'ils venoient de Goa. Nous leur demandâmes en suite s'ils nous vouloient permettre de faire eau en ce lieu, que nous en auions besoin: sur cela ils se mirent à crier, *anda pero anda canaglia*, & autres injures. Nos gens retournerent à bord auec la Chaloupe, & nous raconterent ce qui s'estoit passé. Nous tinsmes conseil de ce que nous auions à faire; on trouua à propos de leur enuoyer vne seconde fois la Chaloupe, pour sçauoir d'eux s'ils nous vouloient permettre de faire eau, ou non : que s'ils persistoient à nous refuser, la Chaloupe reuiendroit au Vaisseau : que nous tiendrions vn horloge de sable; & que si dans le temps qu'il se seroit écoulé, ils ne nous accordoient point nostre demande, nous mettrions le feu à leur Caraque. Nostre Chaloupe y retourna auec vn signal de paix; ils la vinrent rencõtrer auec leur Batteau : vn Moyne qui estoit dedans, le Froc enfoncé jusques sur les yeux, nous répõdit; Retirez-vous d'icy, nous ne voulõs point auoir de cõmerce auec des heretiques. Les gens de la Chaloupe estãt retournez à bord, nous dirẽt ce qui s'estoit passé: nous fismes sõner la cloche, on fit la priere, on tourna l'horloge; & aussi-tost que la demye heure fut écoulée, nous nous mîmes à tirer contre la Caraque auec nos onze demy canons : tous nos coups portoient; car son Chasteau de deuant estoit aussi haut que la Hune de nostre Mast de deuant, quoy que nostre Vaisseau fut de mille tonneaux : ils ne tiroient presque point de la Caraque; mais la batterie qu'ils auoient dressée à terre faisoit feu continuellement sur nous, & nous incommodoient beaucoup : tous leurs coups portoient au dessus de l'eau, deux, trois, & quatre pieds; tellement que nous apprehendâmes qu'à la fin ils ne nous coulassent à fonds. Nous eûmes quelques-vns de nos gens blessez, & nommément nostre second Pilote, qui eut les deux jambes emportées. Il vescut encore quelque temps apres; & voyans que nous ne pouuions demeurer là, nous resolûmes d'approcher de la terre, & de nous mettre à couuert des roches qui y sont; nous en approchâmes jusques à vn jet de pierre. La nuit estant venuë, nous fismes venir dans la chambre tous les Officiers; on demanda au Bouteillier combien nous auions encore d'eau : nous fismes nostre compte sur sa réponse, & trouuâmes que nous ne pouuions pas donner dauantage que quatre demy-septiers chaque iour. Les Officiers demanderent à nos gens ce qu'il leur sembloit, s'ils vouloient combattre comme des desesperez contre nos ennemys, qui estoient maistres de la seule place où nous pouuions auoir de l'eau, ou s'ils trouuoient mieux de continuer nostre voyage vers la Patrie, & se passer de quatre demy septiers d'eau par iour. Ils répondirent tous d'vne voix, qu'il estoit meilleur de continuer le voyage, & se passer de cette quantité d'eau : nous leuâmes nostre Ancre pour mettre à la voile ; mais le matin comme nous estions approchez pour prendre quelques rafraîchissemens à terre, les Espagnols parurent, & tirerent quelques coups de mousquet sur nous, sans toutesfois nous faire aucun dômage. Si nous eussions demeurez vne heure plus long-tẽps sous la coste, nous courions risque de perdre beaucoup de monde. Cette Caraque, à ce que j'ay appris depuis, coula à fonds des coups que nous luy auions donnez. Six Vaisseaux Hollandois vinrent apres nous au mesme endroit pour se rafraîchir, ils en virent le debris. Les Espagnols auoient sauué à terre les marchandises, le mieux qu'ils auoient pû, & auoient fait vne batterie de leurs canons : cette batterie fit si grand feu sur les six Vaisseaux, qu'ils ne pûrent point mettre leur monde à terre, & ils furent obligez de partir sans rafraîchissemens. Nous tournâmes nostre route vers l'Isle de l'Ascension, auec vn bon vent, qui nous fit beaucoup aduancer. Nous ne vismes point cette Isle, nous apperçeûmes seulement vn grand nombre d'oyseaux de mer ; ce qui nous fit croire que nous en estions proche : le vent augmenta si fort, qu'il fallut enfin nous en éloigner pour passer la ligne : ce que nous fismes sans aucune difficulté ; au lieu que dans le premier voyage, nous auions employé six semaines à la passer à cause des calmes, des trauades, des coups de vent, & de la pluye, dont nous fusmes tourmentez.

Le douziéme de Septembre, trois mois trois iours apres auoir quitté l'Isle de sainte Helene, nous arriuâmes sous la hauteur de vingt-quatre degrez trente-quatre minutes de Latitude Nord. Nous commençâmes à auoir le temps meilleur sous ce parage ; nous nous mismes à nettoyer nostre Vaisseau par le dehors, où il s'estoit attaché du limon, esperant qu'estant plus net il en iroit mieux à la voile.

Le treiziéme, nous eûmes beau temps & vn petit frais : le vent estoit Est Sud-Est, & nostre course Nord-Est au Nord.

Le quinziéme, le vent estoit Sud Sud-Oüest ; nous continuâmes la mesme course & nous nous trouuâmes sous le vingt-huitiéme degré.

Le seiziéme, nous vismes beaucoup de cette herbe qui croît dans la mer ; nostre course estoit comme auparauant, le vent Sud-Oüest ; nous aduancions beaucoup.

Le dix-septiéme, nous nous trouuâmes sous la hauteur de trente degrez quarante-huit minutes, le vent estoit inconstant, la nuit il se trouua Nord-Est à l'Est, auec tonners & éclairs.

Le dix-huitiéme, nous ne pûmes point prendre la hauteur, à cause du mauuais temps.

Le dix-neufiéme, il fit vn si grand vent Sud Sud-Oüest, que nous fûmes obligez d'abbattre toutes nos voiles : nous passâmes ainsi la nuit. Sur le iour, le vent diminua, & nous fismes voile.

Le vingtiéme, hauteur trente-cinq degrez treize minutes.

Le vingt-quatriéme, hauteur quarante-trois degrez douze minutes.

Le vingt-septiéme, le vent fut Sud-Oüest, nostre course Nord-Est au Nord. Le matin, vn Pigeon vint vôler sur nostre Vaisseau ; nos gens qui auoient grande enuie de le prendre, firent grand bruit ; ce qui l'effaroucha, il s'enuola, & tomba assez prés du Vaisseau dans la mer ; la hauteur estoit de quarante-quatre degrez 35. minutes.

Le premier Octobre le temps estoit beau, le vent Est Sud-Est, nostre route Nord-Est au Nord ; nous nous trouuâmes sous les huit degrez de hauteur, qui est celle de l'Isle de Heyssant.

Le deuxiéme au matin, nous vismes vne voile qui pouuoit estre éloignée de trois milles de nous, du costé du Nord-Est. Nous mismes toutes nos voiles, & courûmes apres. Sur le midy, elle vint à nous ; c'estoit vn Anglois qui venoit de terre-Neuue : nous achetâmes de luy deux milliers de mollues ; nous inuitâmes le Maistre de venir à nostre bord, nostre route estoit vers Est, & Est au Sud, le temps humide & disposé à la pluye.

Le quatriéme, cét Anglois retourna encore à nostre bord ; nous le traitâmes le mieux que nous pûmes, nous trouuâmes quarante-neuf degrez quarante-six minutes de hauteur.

Le cinquiéme, il fit grand vent de Sud Sud-Oüest.

Le sixiéme, nous vismes deux voiles, vne deuant nous, & l'autre derriere; leur course estoit Sud-Est pour entrer dans le canal, la hauteur cinquante degrez vingt minutes.

Le septiéme, beau temps, le vent Sud; nostre course Est Sud-Est.

Le huitiéme, la hauteur quarante-neuf degrez quarante-deux minutes, le vent comme auparauant; il se tourna vers l'Oüest, nous courûmes Sud-Est à l'Est; nous jettâmes la sonde, comme nous auions fait quelques iours auparauant; mais nous ne trouuâmes point de fonds. Le Capitaine Strijcker mourut, il commandoit la Soldatesque, homme sage, aduisé, & fort experimenté dans les choses de la guerre.

Le dixiéme au soir, nous trouuâmes fonds à soixante & dix brasses.

L'onziéme, nous trouuâmes fonds à la mesme profondeur, & sur le soir à soixante brasses, le fonds estoit de sable: hauteur quarante-neuf degrez cinquante-cinq minutes, le vent Sud, la course Est au Nord, tirant vn peu dauantage vers le Nord-Est.

Le douziéme, nous trouuâmes le fonds à cinquante brasses, & nous continuâmes de quatre heures en quatre heures de jetter le plomb; nous eûmes cinquante, cinquante-deux, & cinquante-trois brasses, la nuit cinquante-six & soixante, le fonds par tout d'vn sable gris blanc, & quelquefois noir. Nous vismes vn Vaisseau qui venoit vers nous; mais le broüillard estoit si grand, que nous le perdîmes aussi-tost de veuë. Le iour suiuant, le vent estoit Est, auec neiges, broüillards, & broüine. Deux ou trois iours apres, nous vismes la terre, que nous trouuâmes estre celle d'Irlande: nous entrâmes à Kinsael, où nous rencontrâmes vn Vaisseau du Roy d'Angleterre, qui auoit deux batteries ou deux rangs de canon l'vn sur l'autre. Ie sçauois que la Compagnie des Indes Orientales estoit en paix auec les Anglois; mais ie ne laissay pas pourtant d'auoir quelque repugnance de permettre à mes gens d'aller à terre, apprehendant quelque supercherie du costé de ce Vaisseau: ie me mis proche de luy du costé de la mer, auec pensée, s'il nous faisoit quelque insulte, de nous mettre plus facilement en mer, & s'il nous suiuoit de l'attendre: le mesme iour ie fus à son bord; ie demanday au Commandant, s'il n'auoit point d'ordre de nous faire quelque tort; il me répondit que non: Ie l'inuitay de passer dans nostre Vaisseau; il y vint, & nous parut n'auoir point de dessein contre nous; neantmoins, ie ne m'y fiois pas; ie fis accommoder à dîner à terre, & le priay de s'y trouuer: nous beûmes ensemble; & dans la gayeté de la bonne chere, ie luy demanday encore vne fois, s'il n'auoit point d'ordre de nous attaquer. Il me dit que non, & adjoûta qu'aussi tost que nous estions arriuez dans ce Port, il auoit écrit en Angleterre, & qu'il n'auoit receu aucune ordre: auec tout cela, ie ne m'y fiois point: cependant, deux Vaisseaux de conuoy vinrent à nous; ils croisoient ces mers-là pour nous trouuer, sur ce qu'ils auoient appris que nous y estions.

Cette rencontre me rasseura fort; mais mes gens se trouuoient si bien à terre, qu'il n'y auoit point moyen de les faire retourner au Vaisseau. I'employois toute sorte de raisons pour les persuader, ie leur disois que les iours estoient courts, que l'Hyuer approchoit, que nostre Vaisseau estoit sale: ie leur monstrois le danger qu'il y auoit d'approcher des terres dans ce temps, auec vn vaisseau si chargé qu'estoit le nostre; ils n'écoutoient point mes raisons, & demeuroient à terre, faisant la débauche auec la mesme seureté que s'ils eussent esté dans leur propre pays. Ie m'aduisay enfin d'aller trouuer le Maire de la Ville, & luy demanday s'il ne sçauoit point quelque moyen de les obliger de venir à bord: il me dit qu'il n'en sçauoit point; mais apres que j'eus regalé sa femme d'vne petite piece de toile fine, comme ie luy fis apres la mesme instance, il me dit qu'il en viendroit bien à bout. Il fit sonner à son de trompe dans la Ville, que si quelqu'vn des Hollandois qui estoient venus sur le Vaisseau des Indes Orientales,

Orientales deuoit à son hoste plus de sept schellings, il ne payeroit point le surplus. La plufpart auoient dépensé dauantage, & leurs hostes par cét interest les chasserent hors de chez eux, auec cela ils auoient de la peine à se resoudre à s'embarquer; pour les y obliger, ie fis leuer les ancres, mettre les voiles au vent, & auancer le Vaisseau vers l'entrée du Port; vous les eussiez vû alors venir de tous costez à mon Vaisseau, & leurs hostes & hostesses courant apres, & demandant leur argent: Ie fis payer ce que chacun d'eux deuoit, & fis écrire en mesme temps la somme dessus leur compte; ainsi ie me retrouuay auec tout mon équipage dans le Vaisseau, à l'exceptiõ de trois ou quatre qui s'estoient engagez auec des femmes, auec qui ils se marierent. Ie me mis à la voile auec les deux Vaisseaux de Conuoy, & nous arriuâmes le 16. Nouembre en Zelande, dont ie dois mille loüanges à Dieu qui m'a tiré de tous les dangers que ie viens de décrire, & où ie me suis trouué l'espace de sept ans moins vn mois qu'a duré ce voyage. I'en deurois finir icy la Relation; mais il faut auparauant que ie reprenne ce que j'auois dit du Vaisseau le Midelbourg qui s'estoit separé de nous le 2. Mars 1625. en fort mauuais estat, apres auoir concerté auec nous d'aller chercher la Baye de sainte Lucie; nous y arriuâmes le 31. & en partîmes le 25. d'Auril, sans auoir appris aucune nouuelle de ce Vaisseau. Ie raporteray icy ce qu'on en a sçeu depuis: Les habitans de la Baye de sainte Lucie nous firẽt entendre, qu'il y auoit vn Vaisseau dans la Baye d'Antongil; mais nous ne sçauions pas si c'estoit celuy-là ou vn autre. Nous partîmes auec esperãce de le rencontrer en l'Isle de sainte Helene: la Caraque d'Espagne que nous y trouuâmes, ne nous permît pas de nous y arrester. On trouua depuis des Lettres au Cap de Bonne-Esperance, que ceux du Vaisseau le Middelbourg y auoit laisſées, comme les Vaisseaux ont coustume de faire; elles portoient qu'ils auoient tasché d'entrer dans la Baye de sainte Lucie, selon le concert qui auoit esté pris auec nous; qu'ils estoient descendus trop bas, & auoient esté contraints d'entrer dans la Baye d'Antongile; où ils auoient pourueû leur Vaisseau de toutes les choses necessaires pour continuer leur voyage; que quelques-vns de leurs gens y estoient morts, entre-autres Guillaume Cornelisz-Schouten. Telle fut la fin de ce grãd Homme, qui auoit eu assez de resolution pour entreprendre de découurir des Mers inconnuës, & faire le tour du Monde. C'est pour l'amour de luy, qui estoit mon amy intime, que j'ay inseré ce que ie viens de dire du Vaisseau le Middelbourg.

Ces mesmes Lettres portoient d'autres particularitez de leur voyage, du temps qu'ils y demeurerent, en quel estat, & en quel tẽps ils en partirent. Depuis, on n'en a point eu de nouuelles certaines. Ces Portugais ont dit qu'il fut attaqué à l'Isle de sainte Helene par deux Caraques, qu'il se deffendit bien, & mit le feu à l'vne à coups de canon, que l'autre Caraque vint au secours de celle-cy pour esteindre le feu, & l'esteignit en effet; mais que comme les Portugais craignoient d'estre jettez sur les roches qui sont proche de l'Isle, la nuit arriuãt, ils s'en separerẽt, & le laisserẽt aller. Quoy qu'il en soit, la consideration de sa perte m'oblige encore à rendre de nouuelles graces à Dieu, de ce qu'il m'a tiré auec le Vaisseau Hollande de ces mesmes perils où l'autre s'est perdu.

LA TERRE AVSTRALE DESCOVVERTE PAR LE Capitaine Pelſart, qui y fait naufrage.

LEs Directeurs de la Compagnie des Indes Orientales, animez par l'heureux retour des cinq Vaiſſeaux du General Carpentier, richement chargez, firent armer la meſme année 1629. vne Flotte de onze Vaiſſeaux pour le meſme voyage; & entre-autres le Vaiſſeau nommé Battauia, ſous le commandement de François Pelſart. Il partit du Texel le 28. Octobre de l'année 1628. Ie paſſeray ſous ſilence le Iournal de ſa Nauigation juſqu'au Cap de Bonne-Eſperance, de peur d'ennuyer le Lecteur par le recit d'vne choſe auſſi connuë que l'eſt cette route. Ie diray ſeulement que le quatriéme Iuin de l'année ſuiuante 1629. ce Vaiſſeau Battauia qui auoit eſté ſeparé des autres par la tempeſte, fut porté ſur des abrollos qui ſont ſous la hauteur de vingt-huict degrez latitude Sud, appellez par nos Flamands les abrol Hos ou roches de Frederic Outman. Pelſart qui eſtoit au lict malade, ſentit d'abord que ſon Vaiſſeau touchoit: il eſtoit nuict, mais il faiſoit vn grand clair de Lune & vn bon temps; il court ſur le tillac, il trouue toutes les voiles hautes, la route Nordeſt au Nord, & autant que la veüe ſe pouuoit eſtendre il ſe voit enuirõé d'vne écume épaiſſe: il crie le Maiſtre du Nauire, il luy reproche qu'il eſt la cauſe de leur perte; l'autre ſ'en excuſe, dit qu'il a fait bon quart, & qu'ayant de loin remarqué la blancheur de cette écume, & demandé à ſon Matelot ou camarade ce que ſe pouuoit eſtre, il luy auoit répondu que cette blancheur venoit des rayons de la Lune: On demande ce qu'il eſt beſoin de faire, & en quel endroit du monde eſt le Vaiſſeau; il répond que Dieu ſeul le ſçait, & qu'ils ſont ſur vn banc inconnu: on jette la ſonde, on trouue au derriere du Vaiſſeau dix-huit pieds d'eau, & au deuant beaucoup moins: ils tomberent d'accord de jetter hors le bord leurs canons, eſperant que le Vaiſſeau en eſtant déchargé, il ſe pourroit mettre plus aiſément à flot: cependant, ils jettent vn ancre; mais dans ce temps, il s'éleua vne orage de pluye & de vent; ce fut alors qu'ils connurent tout le danger où ils eſtoient, & qu'ils ſe virent entre des rochers & des bancs, contre leſquels leur Vaiſſeau heurtoit à tous coups; cela les fit reſoudre à couper leur grand Maſt, qui augmentoit la ſecouſſe du Vaiſſeau; mais quoy qu'ils l'euſſent couppé vers le pied, il ſe trouua tellement engagé entre les Manœuures du Vaiſſeau, qu'il y demeura touſiours attaché. Ils ne voyoient point de terre que la mer ne couurît, ſinon vne Iſle, dont ſelon leur eſtime ils pouuoient eſtre éloignez de trois lieuës, & deux autres moins grandes, ou pluſtoſt deux rochers, qui en eſtoient encore plus proches; l'on y enuoya le Maiſtre du Nauire pour les reconnoiſtre, il reuint ſur les neuf heures, & rapporta que la mer ne les couuroit point; mais qu'à cauſe des rochers & des bancs, l'abord en ſeroit difficile; ils ſe reſolurent d'en courir le riſque, & de faire porter à terre les gens du Vaiſſeau pour ſatisfaire aux cris des femmes, des enfans, aux plaintes des malades, & au deſeſpoir des plus timides: on les embarque dans la chalouppe, & dans l'eſquif: ſur les dix heures du matin, on ſ'apperceût que le Vaiſſeau eſtoit entre-ouuert; ils redoublent leur diligence pour tirer le pain de la ſoute, & le porter ſur le tillac; car pour ce qui eſt de l'eau, ils ne ſongeoient pas qu'ils en peuſſent auoir de beſoin à terre dans l'extremité de ce danger; ce qui le retardoit le plus fut la brutalité de pluſieurs de l'equipage, qui ſe gorgerent de vin qui eſtoit à l'abandon: ſi bien que l'on ne pût faire cette journée-là que trois voyages, & porter à terre enuiron cent quatre-vingt perſonnes, vingt barils de pain, & quelques petits barils d'eau. Le Maiſtre vint ſur le ſoir au Vaiſſeau, & dit au Commandant qu'il eſtoit inutil de porter dauantage de viures dans l'Iſle, que ceux de l'Equipage les diſſipoient; Pelſart y paſſe dans la Chalouppe pour y mettre ordre, il trouue qu'il n'y auoit point d'eau dans

La ſoute eſt l'endroit du vaiſſeau où l'on met le pain, ce mot auſſi ſignifie l'endroit où l'on met les poudres, que l'on appelle la ſoute des poudres.

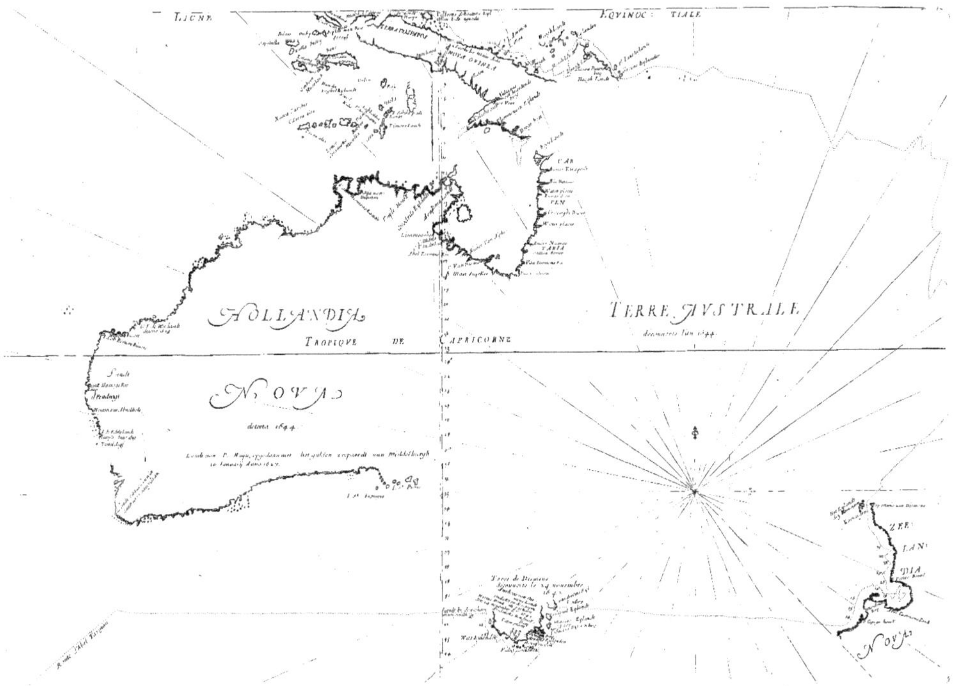
LIGNE
EQUINOC TIALE
NOVA GUINEA
HOLLANDIA
NOVA
TROPIQUE DE CAPRICORNE
TERRE AUSTRALE
ZEE LANDIA
NOVA
Terre de Diemens

اسفندیار قزندن سلطان محمد خان

سلطان جم سلطان بایزید خان

سلطان محمد سلطان عبدالله سلطان علمشاه سلطان سلیم شاه سلطان محم

سلطان سلیمان خان غازی

سلطان عبدالله سلطان رستم جهانکیر سلطان سلیم خان سلطان

سلطان مراد خان

سلطان محمد خان

سلطان مصطفی سلط

l'Isle ; & comme il reuenoit pour y en faire transporter auec les marchandises les plus precieuses du Vaisseau, il s'éleua vn grand vent qui l'obligea de relâcher au lieu d'où il estoit party.

Tout le cinquiéme iour du mesme mois fut employé à transporter de l'eau & des marchandises à terre ; le Commandant dans l'Esquif & le Maistre dans la Chaloupe voulurent retourner au Vaisseau, mais ils trouuerent que la mer brisoit si rudement contre, qu'il estoit impossible d'en aborder ; le Charpentier se jetta hors du Vaisseau à la nâge pour les venir trouuer, & leur dire l'extremité où ils estoient : on le renuoye, auec ordre de dire à ceux qui y estoient restez, qu'ils ramassassent le plus de planches qu'ils pourroient, qu'ils les attachassent ensemble, & les jettassent à la mer afin qu'on les pût repescher & faire des nâgeoires à la Chaloupe ou à l'Esquif: mais le mauuais temps augmenta toujours, & obligea le Commandant de retourner à l'Isle, laissant auec vne grande douleur son Lieutenant & soixante & dix hommes dans le Vaisseau, à la veille de se perdre : ceux qui estoient passez dans la petite Isle, n'estoient pas en beaucoup meilleur estat ; car ayant fait le compte de leur eau, ils n'en trouuerent qu'enuiron quatre-vingt pintes pour quarante personnes qu'ils estoient : ils en auoient encore beaucoup moins dans la grande Isle, où cent quatre-vingts hommes s'estoient sauuez : ceux de la petite Isle murmurent, & se plaignent de ce que les Officiers ne vont pas chercher de l'eau dans les Isles voisines ; on represente la necessité de le faire à Pelsart : il se rend à leurs remonstrances ; mais il leur dit qu'auparauant de partir, il veut communiquer cette resolution à l'autre trouppe ; il eust de la peine à les y faire consentir, car le Maistre du Vaisseau apprehendoit que ceux de cette trouppe ne le retinssent auec eux : ils luy accorderent enfin, apres qu'il se fut expliqué qu'il ne pouuoit pas sans le consentement de cette trouppe aller chercher de l'eau, & qu'autrement il estoit resolu de mourir auprés de son Vaisseau ; mais quand il fut proche de l'Isle, celuy qui commandoit le Batteau luy dit, que s'il auoit quelque chose à dire il le pouuoit crier, & qu'il ne souffriroit pas qu'il sortit du Batteau : comme le Commandant se voulut jetter à l'eau pour gagner l'Isle, il le retint, & cõmanda à ses gens de ramer & de s'en éloigner, ainsi il fut obligé de retourner, apres auoir laissé ces mots écrits sur la fueille d'vne tablette, qu'il partoit auec l'Esquif pour chercher de l'eau dans les terres ou Isles qu'il trouueroit les plus proches ; ils en chercherent d'abord le long des costes des Isles ; ils trouuerent bien de l'eau dans quelques creux des roches de ces Isles, mais l'eau de la mer qui brise contre s'y estoit mélée, & par cette raison elle n'estoit pas propre à leurs besoins, cela les fit resoudre d'en aller chercher plus loin.

L'Hollandois du Svvardez, ce sont deux planches attachées à des cordes que l'on laisse aller tantost d'vn costé tantost de l'autre, pour tenir le batteau plus droit contre la vague.

Ils firẽt vn pont à leur Batteau ; car ils n'auroiẽt pas pû faire cette Nauigatiõ dãs vn bâtimẽt découuert. Il leur vint encore quelques-vns de l'Equipage qui se joignirẽt à leur trouppe pour le mesme dessein : & apres qu'il eut fait souscrire cette resolution par tous ceux de sa trouppe, ils se mirẽt à la mer, & prirent hauteur qu'ils trouuerẽt de vingt-huict degrez treize minutes ; Ils eurẽt quelque-tẽps apres la veuë de la terre-ferme, elle gisoit selon leur estime à six milles au Nord-quart-à-l'Oüest du lieu où ils auoient fait naufrage ; ils trouuerent vingt-cinq ou trente brasses d'eau ; & comme la nuict approchoit, ils s'éloignerent de la coste qu'ils reuinrent chercher apres minuit. Le neufiéme matin ils estoient à trois milles de la coste, selon leur estime ; ils firent cette journée-là quatre ou cinq milles en plusieurs bordées, tantost au Nord, tantost à l'Oüest, la coste gist Nord-quart-à-l'Oüest ; elle est basse, sans arbres ; & pleine de rochers, & à peu prés de la mesme hauteur que la coste de Douure ; ils virent vne petite anse, & au fonds des sables : ils voulurent entrer dedans ; mais comme ils en approcherent, ils trouuerent que la mer brisoit trop rudemẽt ; & le temps deuenãt plus fâcheux, ils furent obligez de s'en éloigner.

Firent vn pont, c'est à dire ils couurirent leur batteau, ainsi on dit vn Vaisseau à deux ponts, à trois ponts.

Le dixiéme, ils se tinrent sous le mesme parage, louiant tantost d'vne bordée, tantost de l'autre : enfin, la mer estant fort agitée, ils se resolurent d'abandonner leur Chaloupe, & mesme de jetter vne partie du pain qui estoit dans leur Batteau, qui les empeschoit de tirer l'eau qu'il faisoit de tous costez. Il pleût beaucoup cette nuict-là, & ils espererent que leurs gens estans demeurez dans les Isles, en tireroient vn grand soûlagement. Le onziéme, le vent s'appaisa, il estoit Oüest-Sud-Oüest: ils prirent leur route vers le Nord; car la mer qui estoit fort agitée, les obligeoit à s'éloigner des terres. Le douziéme, ils prirent hauteur, la trouuerent de vingt-sept degrez: ils coururent le long de la coste par vn Sud-Est; mais ils ne l'a pûrent aborder tant elle estoit escarpée, sans aucune anse ny terre au deuant comme il s'en trouue ordinairement deuant les costes; de loin, la terre leur parut fertile & pleine d'herbes. Le treiziéme, ils prirent hauteur de vingt-cinq degrez quarante minutes, ce qui leur fit connoistre que le courant de l'eau les auoit portez vers le Nord, là ils se trouuerent vis-à-vis d'vne ouuerture où la coste gist Nord-Est; leur course ce jour-là fut vers le Nord, la coste estoit d'vne roche rouge toute d'vne mesme hauteur sans aucune terre au deuant, & à cause des vagues qui rompoient contre, il leur fût impossible d'y aborder.

Le quatorziéme bon frais au matin, qui calma sur le haut du iour, la hauteur vingt-quatre degrez, le vent Est: les marées les portoient plus qu'ils ne vouloient vers le Nord; car leur dessein estoit de chercher vne descente, & faisoient par cette raison petites voiles le long de cette coste; & ayant de loin apperceu de la fumée, ils ramerent vers le lieu où ils l'a voyoient, esperant d'y trouuer des hommes, & par consequent de l'eau: ils trouuerent que la coste estoit escarpée, pleine de roches, & la mer fort grosse, ce qui leur firent perdre l'esperance d'en pouuoir aborder; enfin, six de leurs hommes se fians sur l'addresse qu'ils auoient à nâger, sauterent hors le bord, & auec beaucoup de peine & de dangers gagnerent enfin la terre, le Batteau demeurant cependant à l'ancre à vingt-cinq brasses de fonds: ces gens employerent tout ce iour à chercher de l'eau; & cependant qu'ils alloient d'vn costé & d'autre pour en chercher, ils apperceurent quatre hommes qui s'approchoient d'eux à quatre pattes; vn de nos gens ayant paru proche d'eux sur vne hauteur, ils se leuerent & prirent la fuïte, en sorte que ceux-mesmes qui estoient dans l'Esquif les pûrent voir fort distinctement. Ces hommes sont sauuages, noirs, tout à fait nuds, ne couurans pas mesme les parties que presque tous les autres Sauuages se couurent; n'y ayant plus d'esperance de trouuer là de l'eau, ils reuinrent au Batteau à la nâge, blessez & meurtris des coups qu'ils auoient receus des vagues & des rochers; on leua l'ancre, on continua de faire petites voiles tousiours le long de la coste, se tenant neantmoins hors des battures, & esperant trouuer quelque lieu plus propre pour l'aborder.

Sauuages de la terre Australe.

Le quinziéme sur le matin, ils découurirent vn Cap, & à sa pointe vn recif ou chaîne de rochers qui poussoient bien vn mil en mer, & vn autre recif le long de la coste; ils entrerent entre ces roches à cause que la mer leur y paroissoit peu agitée; mais ils trouuerent que ces rochers faisoiẽt vn cul de sac, & qu'il n'y auoit point de sortie. Sur le midy, ils virent vne ouuerture où la mer estoit assez tranquille; mais il estoit dangereux de s'y engager, car il n'auoit pas plus de deux pieds d'eau, & beaucoup de pierres; tout le long de cette coste est sur le deuant vne table de sable qui peut auoir vn mil de largeur. Estans arriuez à terre, l'on se mit à creuser des puits dans cette auant-coste; mais l'eau qu'ils y trouuerent estoit sallée: à la fin, on trouua dans les pierres creuses du rocher, de l'eau douce de pluye, ce qui leur fût vn grand secours; ils se mourroient de soif, & n'auoient eu pour ration les iours precedens qu'vn peu plus de demy-septier d'eau; ils en ramasserent bien cent soixante pintes durant toute la nuict qu'ils y demeurerent; il y auoit eu quelque-temps auparauant des Sauuages en cét endroit, car ils y trouuerent des restes d'écreuisses & des cendres.

Le 16. au matin, ils resolurent de retourner encore à terre, dans l'esperance de pouuoir ramasser vne plus grande quãtité d'eau dans les roches, puisqu'il ne leur reſtoit point d'eſperance d'en trouuer ailleurs; mais il y auoit fort long-tẽps qu'il n'y auoit pleû, car ils n'en trouuerẽt point: & la terre qu'ils découurirẽt au delà des roches qui bordẽt la coſte ne leur en promettoit point; c'eſt ou vne raze cãpagne ſans herbes ny arbres, où ils ne voyoient que de grands tas de fourmils; mais ſi grands, qu'on les auroit pris de loin pour des maiſons d'Indiẽs; ils y trouuerẽt vne ſi étrãge quãtité de mouches, qu'ils eſtoiẽt fort empéchez à ſ'en deffendre. Ils virent de loin huiẽt Sauuages, chacun d'eux auoit vn baſton à la main; ils en approcherẽt à la portée d'vn mouſquet: mais comme ils virent que les noſtres venoient à leur rencontre, ils prirent la fuïte: enfin, voyant qu'il n'y auoit plus d'eſperance de trouuer de l'eau, ils ſe reſolurent ſur le midy de quitter cette coſte, & ſortirent par vne autre ouuerture de ce recif qui eſt plus auancée vers le Nord; car ayant pris hauteur vingt-deux degrez dix-ſept minutes, leur deſſein eſtoit de chercher la riuiere de Iacob Remmeſſens; mais le vent venant du Nord-Eſt, ils ne pûrent pas ſuiure plus long-temps la coſte; tellement qu'ayant conſideré qu'ils eſtoient à plus de cent milles du lieu du naufrage, & qu'ils auoient trouué ſi peu d'eau qu'à peine en auoient-ils pour ſubſiſter, ils ſe reſolurent de gagner le plus viſte qu'ils pourroient Battauia, pour aduertir le General de leur mal-heur, & ſolliciter le ſecours pour leurs gens qu'ils auoient laiſſez dans les Iſles.

Le dix-ſeptieſme, le broüillard les empeſcha de prendre hauteur à Midy; ils firent enuiron ce jour-là quinze milles auec vn vent Nord-Oüeſt-au Nord, bon frais, temps ſec; la route eſt Nord-Eſt.

Le dix-huictieſme, ils ne peurent encore prendre de hauteur à Midy; mais ſelon leur eſtime, ils firent dix milles par vn vent Oüeſt-Nord-Oüeſt; le temps rude, grande pluye auec vn grand vent, lequel, ſur le Midy, venoit du Nord-Eſt vn peu vers le Nord; leur Courſe fût à l'Oüeſt; Ce meſme temps dura encore le dix-neuf, tellement qu'ils ne peurent point encore prendre de hauteur, ſelon leur eſtime, ils firent enuiron ſept lieuës, leur route Nord-Nord-Eſt, le vent Nord Oüeſt à Oüeſt.

Le vingtieſme ils ſe trouuerent ſous la hauteur de dix-neuf degrez vingt-deux minutes; ils auoient fait, ſelon leur eſtime, vingt-deux milles, la route Nord, le vent Oüeſt-Sud-Oüeſt auec vn petit frais meſlé de pluye.

Le vingt-vnieſme ils creurent auoir fait vingt-trois mil la route Nord, le vent changeant quelquesfois du Sud-Oüeſt au Sud-Eſt, quelquesfois bon frais, ſuiuy apres de calme.

Le vingt-deuxieſme hauteur ſeize degrez dix minutes, ce qui les eſtonna extrêmement, ne ſe pouuant imaginer, comment en ſi peu de temps, ils auoient pû hauſſer tant de degrez; il y a apparence que la marée les portoit fortement vers le Nord; ſelon leur eſtime ils auoient fait vingt-quatre milles, la route Nord d'vn petit frais qui venoit le plus ſouuent du Sud-Eſt.

Le vingt-troizieſme ils ne peurent prendre de hauteur, ſelon leur eſtime, ils auoient fait ſeize milles, la route Nord à l'Oüeſt, le vent, ce iour-là, virant quelquesfois de l'Eſt à l'Oüeſt, temps variable, pluuieux, meſlé de calmes; le vent ſur le ſoir, Sud-Sud-Eſt.

Le vingt-quatrieſme, temps ſec, bon frais, le vent Sud-Eſt au Sud; ils ſe trouuerent à Midy ſous la hauteur de treize degrez dix minutes: la route Nord à l'Oüeſt vingt-cinq milles.

Le vingt-cinquieſme le vent Sud-Eſt, le temps ſec, bon frais, la hauteur vnze degrez trente minutes, ſelon leur eſtime, ils auoient auancé trente & vn mille, Nord à l'Oüeſt; ils virent, ce iour, beaucoup de Vareck.

Le vingt-ſixieſme hauteur neuf degrez cinquante-ſix minutes; le vent Sud-Eſt, le temps ſec; ils auoient auancé Nord à l'Oüeſt vingt-quatre milles.

Le vingt-ſeptieſme le vent Sud-Eſt, le temps pluuieux, tellement qu'ils ne peurent prendre hauteur: Apres midy ils virent les terres de Iaua, à la hauteur, comme ils se l'imaginerent de huit degrez en estant à quatre ou cinq milles : ils dresserent leur course, Oüest-Nord-Oüest, le Long de la Coste jusqu'au soir qu'ils découurirent vne pointe au deuant de laquelle estoit vne Isle pleine d'arbres ; ils firent voile vers cette pointe, sur la brune ils trouuerent vn Golphe, ils y entrerent suiuant la routedu Nord-Nord-Oüest, y ietterent l'anchre à huit brasses d'eau, fonds dur & y passerent toute la nuict.

Ils leuerent l'ancre le vingt-huit au matin & ramerent vers terre pour chercher de l'eau ; car la soif les auoit réduits à l'extremité : Ils trouuerent heureusement vne eau courante, ils en estancherent leur soif & en remplirent leurs barils, & apres midy reprirent leur route vers Batauia.

Le vingt-neuf apres minuict, au second quart, ils virent deuant eux vne Isle qu'ils laisserent à leur stir-bord ou main droite ; à la pointe du iour ils se trouuerent proche de l'anse qui est du costé de l'Oüest, de là ils coururent Oüest-Nord-Oüest : en faisant cette route l'on s'éloigne de la coste qui est au fonds de cette anse, qu'on retrouue auant que d'arriuer aux Isles Trowuens. Sur le midy ils se trouuerent sous la hauteur de six degrez quarante-huict minuttes, & selon leur estime ils auoiēt fait trente milles, leur route Oüest-Nord-Oüest à trois heures apres midy : ils passerent entre ces deux Isles, & virent sur celle qui est le plus à l'Oüest beaucoup d'arbres de Cocos. Sur le soir, ils estoient encore éloignez d'vn mille de la pointe du Sud de Iaua, & à la troisiéme horloge du second quart ils se trouuerent justement entre Iaua & l'Isle des Princes.

Le trentiéme au matin ils estoient sous la coste de l'Isle des Princes, ne firent ce jour-là que deux milles. Sur le soir il s'éleua vn petit vent de terre.

Dvvaers-inden-vvegh, signifie l'Isle qui est au trauers du chemin.

Le premier Iuillet le temps calma, & à midy estoient encore bien éloignez de trois lieuës de l'Isle Dwaers-inden-wegh, les vents inconstans : Sur le soir, ils s'éleuerent du costé du Nord-Oüest, si bien qu'ils gagnerent l'Isle que ie viens de dire. Le soir fut calme, & ils furent obligez de ramer.

Le deuxiéme au matin estans au trauers de l'Isle Toppers-hoëtien, ils furent obligez d'y demeurer à l'ancre iusques sur les onze heures, & d'y attendre le vent de la mer, mais il s'en leua fort peu ; si bien qu'il fallut encore ramer, & au soir trouuerent qu'ils n'auoient auancé que deux milles : Sur le coucher du Soleil, ils virent derriere eux vne voile au trauers de l'Isle Dwaers-inden-wegh, ils gagnerent la coste, & y jetterent l'ancre, resolus de l'attendre. Le matin ils allerent aborder ce Vaisseau, esperant en tirer du secours & des armes pour se deffendre de ceux de Iaua, si ils estoient en guerre auec les Hollandois : Ils le trouuerent accompagnez de deux autres Vaisseaux de la Compagnie, sur l'vn desquels estoit Ramburgh Conseiller de cette Compagnie : Pelsart passa dans son Vaisseau, luy conte auec douleur l'accident qui luy estoit arriué, & fut auec luy à Batauia.

Cependant qu'il sollicite le secours, ie retourneray à ceux de l'Equipage qui estoient demeurez dans les Isles ; mais ie vous dois dire auparauant que le sous-Marchand nommé Ierosme Cornelis, autrefois Apoticaire de Harlem, auoit dés la coste d'Affrique complotté auec le Pilotte & quelques-autres, de se rendre maistre du Vaisseau, & de le mener à Dunkerque, ou de s'en seruir pour courre le bon bord : Ce sous-Marchand demeura dans le débris dix iours apres que le Vaisseau eut échoüé, ne trouuant point de moyen de gagner la terre ; il passa mesme deux iours sur le grand Mast qui flottoit ; & de là s'estant mis sur vne vergue, gagna enfin la terre. Il deuoit commander en l'absence de Pelsart, & crût que ce cōmandement estoit vne bōne occasion d'executer son premier dessein, qu'il luy seroit aisé de se rendre maistre de ce qui estoit resté du débris, & de surprendre le Commandant lors qu'il arriueroit auec le secours qu'il estoit allé querir à Batauia, & de croiser ces Mers auec son Vaisseau : pour y paruenir, il falloit se défaire de ceux de l'Equipage qui n'estoient point de son party ; mais auparauant que de mettre la main dans le sang, il fit signer à ses complices vne espece de Complot, par lequel ils ſe promettoient fidelité les vns aux autres. Tout l'Equipage eſtoit diuiſé en trois Iſles ; dans celle de Cornelis, qu'ils auoient appellée le Cimetiere de Battauia, eſtoit la plus grande trouppe : Vn nommé Vveybe-hays auoit eſté enuoyé dans vne autre pour chercher de l'eau, & en auoit trouué apres l'auoir cherchée vingt iours ; Vveybe-hays fit le ſignal qu'il auoit concerté, par trois feux qu'il alluma, mais inutilement ; car ils ne furent point apperceus par les gens de la grande trouppe de Cornelis, parce que durant ce temps-là, les conjurez égorgeoient ceux qui n'eſtoient pas de leur party, ils en tuerent trente ou quarante ; quelques-vns ſe ſauuerent ſur des pieces de bois qu'ils joignirent enſemble, & vinrent trouuer Vveybe-hays, luy dirent l'horrible maſſacre qui ſ'eſtoit fait ; il auoit auprés de luy quarante-cinq hommes, il ſe reſolut de ſe tenir ſur ſes gardes, & de ſe deffendre de ces aſſaſſins ſ'ils vouloient attenter ſur ſa trouppe ; comme en effet, ils en auoient le deſſein, & de traiter de meſme vne autre troupe ; car ils apprehendoient que ceux de la troupe d'Hay ou de l'autre qui eſtoient dans vne troiſiéme Iſle, n'auertiſſent le Commandeur lors qu'il arriueroit, & n'apportaſſent quelque empeſchement à leur deſſein. Ils vinrent aiſément à bout de cette derniere trouppe qui eſtoit la plus foible ; ils y tuerent tout, à l'exception de ſept enfans & de quelques femmes ; ils eſperoient venir à bout auec la meſme facilité de la trouppe de Vveybe-hays, & cependāt ouurirent les caiſſes des marchāds qu'on auoit ſauuées du vaiſſeau. Ierôme Cornelis fit faire de riches étoffes qui y eſtoiēt, des habits pour la troupe, ſe choiſit des gardes qu'il fit habiller d'écarlatte auec deux grandes dentelles d'or & d'argent ; & comme ſi les femmes euſſent eſté vne partie du butin, en prend vne pour luy, donna vne des filles du Miniſtre à vn des principaux de ſa trouppe, & abandonna à l'vſage public les trois autres ; il fit meſme quelques Reglemens pour la maniere dont elles deuoient ſeruir.

Apres ces horribles executions, il ſe fait élire Capitaine general, par vn Acte qu'il fit ſigner à tous ceux de ſon party ; enuoya en ſuite vingt-deux hommes ſur deux Chalouppes, pour deffaire la trouppe de Vveybe-hays ; mais ils furent repouſſez : il y va luy-meſme auec trente-ſept hommes ; Vveybe-hays le vient receuoir au débarquement juſques dans l'eau, & le fait retirer, quoy qu'il n'eut point d'autres armes que des baſtons dont il auoit armé le bout auec des cloux : la force ne luy reüſſiſſant point, il a recours à d'autres moyens ; on propoſe vn Traité de Paix ; le *Domine* qui eſtoit du coſté de Vveybe en fit les allées & les venuës : elle eſt concluë, à condition qu'il laiſſeroit en repos la trouppe de Vveybe, qui de ſon côté luy feroit rendre vn petit Batteau auec lequel vn Matelot ſ'eſtoit ſauué de l'Iſle où eſtoit Cornelis, dans celle de Vveybe, & qu'on donneroit à Vveybe de l'eſtoffe pour habiller ſes gens : cependant que l'on va & vient, Cornelis écrit à quelques ſoldats François qui eſtoient de ſa trouppe, leur offre à chacun ſix mille liures pour les corrompre, eſperant qu'auec cette intelligence il luy ſeroit aisé de venir à bout de ſon deſſein. Les Lettres ne font point d'effet, on les fait voir à Vveybe ; & Cornelis qui ne ſçauoit pas qu'elles fuſſent découuertes, eſtant venu le lendemain auec trois ou quatre autres trouuer Vveybe, & luy porter les habits, Vveybe le fait charger, tuë deux ou trois de ſa trouppe, & le retient priſonnier. Vn nommé Vvouter-los qui ſ'eſtoit ſauué de cette déroute, vint le lendemain pour luy donner vn nouuel aſſaut ; mais auec auſſi peu de ſuccez. Pelſart arriue dans ces entrefaites ſur la Fregate Sardam ; il approche du débris, & remarqua de loin de la fumée dans l'vne des Iſles ; ce qui luy fut vne grande conſolation, voyant par là que tout ſon monde n'eſtoit pas mort : il jette l'ancre, & ſe met auſſitoſt dans l'Eſquif auec du pain & du vin, & va deſcendre dans l'vne des Iſles ; vn Eſquif y aborde preſque en meſme temps armé de quatre hommes ; Vveybe qui eſtoit l'vn de ces quatre court à luy, luy dit le maſſacre, & l'auertit de retourner au pluſtoſt à ſon Vaiſſeau, que l'on auoit deſſein de ſurprendre ; que les conjurez auoient tué cent vingt-cinq perſonnes, & qu'ils le deuoient attaquer auec deux

Chalouppes; qu'il auoit esté le matin de ce iour-là aux mains auec eux; Pelsart découure en même tẽps les deux Chaloupes qui venoient à luy; il fut plustost dans son Vaisseau qu'elles ne l'eurent abordé; il void ces gens couuerts de dentelles d'or & d'argent, & les armes à la main; il leur demande pourquoy ils abordent le Vaisseau les armes à la main; leur réponce fut qu'ils le luy diroient quand ils seroient dans le Vaisseau; il leur commanda de ietter leurs armes à la mer, autrement il les menace de les couler à fonds; il fallut obeyr, ils iettent leurs armes, on les fait entrer dans le Vaisseau, où on leur mit aussi-tost les fers aux pieds: Vn nõmé Iean de Brémen qui fut examiné le premier, confessa qu'il auoit mis à mort, ou aydé à assassiner, vingt-sept personnes; le soir mesme Vveybe amena à bord son prisonnier.

Le dix-huictiéme Septembre, le Commandeur auec le maistre Pilote furent prendre auec des Batteaux dix hommes de la trouppe de Vveybe, auec lesquels ils passerent à l'Isle de Cornelis; ceux qui y estoient demeurez perdirent courage, aussi-tost qu'ils le virent aborder, & se laisserent mettre aux fers; le premier des soins du Commandant fut de faire chercher les pierreries qui estoient dispersées çà & là. On trouua tout dés la premiere recherche à l'exception d'vne chaisne d'or & d'vne bague, & encore trouua-t'on depuis la bague; l'on vient aprés au débris, le Vaisseau estoit en cent pieces, la quille d'vn costé eschoüée sur vn sable, vne partie du deuant du Vaisseau sur vne roche, & d'autres pieces çà & là qui donnoient peu d'esperance à Pelsart de sauuer quelque chose des marchandises de la Compagnie: le Boutillier luy dit qu'il y auoit bien vn mois que d'vn beau iour qu'estoit le seul qu'ils eussent eû, en tout ce temps-là, estant allé pescher assez proche du débris, il auoit auec le bout d'vne picque donné contre vne des caisses pleine d'argent.

Le dix-neufiéme on porta à l'Isle les autres Complices pour les examiner.

La particularité de cette eau est remarquable.

Le vingtiéme on enuoya à la troupe de Vveybe diuerses choses dont elle manquoit, & on en rapporta de l'eau. Car apres auoir esté dix jours dans l'Isle sans en trouuer, ils s'auiserent de gouster de celle qui estoit dans deux puits qu'ils croyoient salée, à cause qu'elle haussoit & baissoit auec la Marée, & cependant elle se trouua bonne à boire.

Le vingt & vniéme ils trouuerent que la Marée estoit fort basse, & le vent d'Est-Sud-Est si grand, que le Batteau ne peût sortir de tout ce iour-là.

Le vingt-deuxiéme ils voulurent reconnoistre de plus prés le débris; la mer brisoit si rudement contre, que les Nageurs mesmes n'oserent en approcher.

Le vingt-cinquiéme, le Maistre du Vaisseau & le Pilote en approcherent par vn beau temps; ceux qui estoient à terre remarquerent, qu'ils estoient empeschez à tirer quelque chose; on leur enuoya du secours, le Commandant y va luy-mesme, ils auoient trouué vne caisse pleine d'argent: On en trouua vne seconde, on mît ces deux à sec, & on n'en pût pas pescher dauantage de tout ce iour-là à cause du mauuais temps, quoy que les Plongeurs du Guzarat asseurassent qu'ils en auoient trouué six autres qui se pouuoient tirer aisément.

Le vingt-sixiéme l'apresdînée, le temps estant beau & la Marée fort basse, le Maistre alla au lieu où on auoit remarqué les caisses, en rapporta trois, & mît vn anchre & vne piece d'artillerie pour marquer l'endroit où ils en laissoient vne quatriéme qu'ils ne peurent tirer, quelque effort qu'ils fissent.

Le vingt-septiéme il fit vn vent de Sud fort froid.

Le vingt-huictiéme, le mesme vent; & comme il ne permettoit pas de trauailler aupres du débris, le Commandeur fit assembler le Conseil pour délibérer si l'on iugeroit les Criminels, ou si on les transporteroit à Battauia pour y estre jugez par les Officiers de la Compagnie; leur grand nombre, & la jalousie des grandes richesses que l'on auoit tirées du naufrage, & dont la fregate estoit chargée, fit que la pluralité des voix alla à les iuger & faire executer sur le lieu, ce qu'ils firent.

Discours

www.ingramcontent.com/pod-product-compliance
Ingram Content Group UK Ltd.
Pitfield, Milton Keynes, MK11 3LW, UK
UKHW031956260826
14628UKWH00005B/2090

9 782329 374390